불온한
상상

데모당 당수 이은탁의 좌파 보고서

불온한 상상
데모당 당수 이은탁의 좌파 보고서

저자 이은탁

초판 1쇄 발행일 2015년 7월 20일

기획 및 발행 유명종
편집 이지혜
디자인 이다혜
조판 현프린테크
용지 에스에이치페이퍼
인쇄 완산성판인쇄

발행처 디스커버리미디어
출판등록 제 300-2010-44(2004. 02. 11)
주소 서울시 종로구 사직로8길 34 경희궁의 아침 3단지 오피스텔 431호
전화 02-587-5558
팩스 02-588-5558

ISBN 978-89-969116-6-1 13300

불온한 상상

데모당 당수 이은탁의 좌파 보고서

이은탁

디스커버리미디어

지은이의 말

        1980년 5월 광주항쟁이 한창일 때, 중학생이었던 나는 호남고속도로 정읍IC에서 계엄군에게 건빵을 얻어먹으며 좋아했었다. 전주로 고등학교를 진학해 처음 학살의 진상을 접하게 됐다. 전북대 부근에 위치한 학교로 날아든 최루탄 가스에 눈물을 흘렸고 대학생들의 입을 통해 광주가 점점 내 가슴속으로 파고들어왔다. 대학에 진학해 학생회관에서 광주학살 현장을 담은 비디오를 보며 주먹으로 땅을 쳤다. 80년 광주는 그렇게 내 손에 화염병과 쇠파이프를 쥐어줬다.

  89년 현대중공업 노동자들이 벌인 128일 공장 점거 총파업과 90년 골리앗 투쟁은 나에게 반독재투쟁보다 더 근본적인 투쟁이 필요하다는 것을 몸으로 깨닫게 해주었다. 노태우 정권은 경찰 1만 5천 명과 불도저, 페퍼포그, 군함까지 동원해 공장으로 진입했다. 현대중공업 노동자와 가족, 전국에서 몰려든 노학선봉대가 울산에서 자본의 수호자(노태우 정권, 경찰)와 사투를 벌였다. 막연했던 노동과 자본의 모순이, 자본과 권력의 관계가 확연하게 모습을 드러낸 채 뚜벅뚜벅 내게 다가왔다.

  김대중, 노무현 정권이 들어서자 투쟁의 시대는 끝났다고들 했다. 많은 이들이 계급과 사회주의를 낡은 교조라고 비판하며 시민운동으로 자리를 옮겼다. 하지만 사람이 떠났다고 계급운동 전선이 사라진 게 아니었다. 총자본과 총노동이 격돌하기 시작했고 투쟁 전선이 여성, 장애인, 성소수자, 환경, 탈핵, 반전, 인권 등으로 확대됐다. '비정규직'이라는 새로운 신분이 자본 권력과 맞서기 시작한 것도 그 무렵이었다. 막연하고 비과학적이라는 비판에도 불구하고 내게 '노동해 방'은 여전히 자본주의 '너머'의 세상을 꿈꾸게 하는 손짓이요 이정표다. 자본주 의 이전 투쟁의 역사에서 인류는 '자유, 평등, 평화'라는 소중한 가치를 얻기 위 해 싸웠다. 자본주의 체제를 사는 우리는 이제 여기에 더해 '노동해방'을 두 손 에 쥐어야 한다고 믿는다.

《불온한 상상》은 지난 30년 동안의 궤적을 글로 정리한 것이다. 글쓰기를 배 운 적도 없고 애초에 책을 엮으려고 쓴 글이 아니라 창피하고 두렵다. '기록'에 의미를 둔 글이라 생각해 주기 바란다. 1부는 사람, 사랑, 인연을, 2부는 직접 참 가했던 투쟁을, 3부는 희망을 적었다. 따뜻한 비판을 기대한다. 책으로 엮이기 까지 땀과 정성을 쏟은 출판 노동자에게 감사드린다.

두 가지 작은 바람이 있다. 어릴 때 자식을 객지로 떠나보내고 자주 보지 못 해 온 부모님에게 내가 무슨 생각으로 어떻게 살아왔는지 알려드리고 싶다. 스 물두 살인 딸에게 아빠가 왜 지금도 연대를 꿈꾸며 데모하는지 책을 통해 얘기 하고 싶다. 그뿐이다.

2015년 여름, 이은탁

추천인의 말

──────── 그를 뭐라고 불러야 할지 아직 망설인다. 공식 직함은 '데모당 당수'이나, 이 당의 정체가 그다지 '공식적'이지 않다. 정색하고 정당법의 잣대로 데모당의 위법성을 따져 묻는 보수 신문의 단순한 뇌가 차라리 부럽다. 그를 어떻게 소개해야 할지도 여전히 망설여진다. 반골이되, 예의바르다. 끝없이 진지하되, 대개는 골 때린다. 존재 자체가 형용모순인 그다. 어쩌면 그는 '틈새'다. 대한민국, 이 거짓된 '민주공화국'의 실체를 자꾸 의심케 하는 균열이다.

이 당수의 글은 언제나 전복적이다. 버스 안에서 만났다면 나는 이 '중소기업 과장님'처럼 단정하고 예의바른 아저씨의 파격성을 믿지 않았을 것이다. 페이스북에서 가장 입담 좋은 '선동꾼' 중 한 명인 데모당 당수가 그처럼 점잖을 것이라고 생각할 수 없었을 것이다. 자나 깨나 앉으나 서나 데모 밖에 모르는 바보, 데모담으로만 책 한 권을 뚝딱 써낼 수 있는 진정한 데모꾼. 이은탁이다.

그러나 오해하지 마시라. 그의 글은 지리멸렬한 '후일담'이나 밥맛없는 '무용담'이 아니다. 현재진행형으로 살아 숨쉬는 우리 곁의 데모, 오늘의 불복종에 대한 이야기다. 1986년 대학 새내기로 데모에 나선 뒤 2015년 광화문 광장에 이르기까지 30년 동안 그는 변함없이 시위 현장을 지켜왔다. 중심에 선 명망가가 되어 현장을 떠나는 대신 변방에서 지치지 않고 데모하는 즐거움을 누려왔다.

이 책은 그가 30년 동안 밟아온 현장에 대한 기록이다. 현대사의 굵직한 본류와 개인사의 지류가 데모의 현장들에서 겹친다. 그러므로 이것은 이은탁 개인의 이야기가 아니다. 자본이 지배하는 세상에 대한 혁명을 꿈꿨고, 여전히 혁명을 꿈꾸며 광장에 나서는 모든 이들을 위한 기록이다. 우리는 아직 지지 않았다. 이 당수가 늘 둘러메고 다니는 데모당 당기가 광장에서 펄럭이는 한, 전복은 현재진행형이다.

엄지원(한겨레신문 기자)

목차

사람
그리고 사랑

나의 투쟁
30년사

피어라,
연대의 꽃

사람
그리고 사랑

괜히 쫄았잖아!

──────── 1986년 3월 18일, 총학생회 발족식이 열렸다. 발족식 직후 총학생회실로 찾아가 '데모 제일 잘하는 써클'을 소개해달라고 했다. 누군가 손가락으로 가리킨 곳이 원문연 원시공동체문화연구회 이라는 문화패였다. 회원 대부분이 이 李씨였고, 회장을 '족장'이라 부르던 해괴한 씨족 집단이었다. 88년에 '민족극회새벽'으로 이름을 바꿔 지금도 왕성하게 활동하고 있다.

1987년 2월 7일, 서울대에서 '박종철 고문치사 은폐 조작 규탄 투쟁' 연합 집회가 열리는 날이었다. 새벽 5시 50분, 봄이라지만 새벽은 여전히 추웠다. 날이 밝지 않았지만 1차 집결지인 광화문까지 시간 맞춰 가려면 서둘러야 했다. 허기진 배가 자꾸 '냄비를 열어보라'고 유혹했지만 며칠째 집에서 밥을 해먹지 않은 걸 아는 머리는 '미련한 짓 하지 말고 어서 나가라'고 등을 떠밀었다.

광화문에 도착하자 짐짓 모른 척 서 있는 학교 선배들과 긴장한 기색이 역력한 동기들 모습이 보였다. 어제 비밀리에 연락한 선배와 동아리 동기 두 명도 있었다. 버스가 내 앞을 지나쳐 10여 미터 앞에 멈췄다. 선배와 눈인사를 나누고는 놓칠세라 서울대행 버스에 올라탔다. 반환점이라 좌석은 모두 비어 있었다. 누구도 말 한마디 꺼내지 않고 창밖만 바라봤다. 난 자리를 잡자마자 눈을 감았다. 1시간쯤 걸릴 테니 자는 게 속 편한 일이었다.

1년 전, 전주로 고등학교 보낼 때와 달리 부모님은 서울로 대학을 보내면서는 많이 불안해하셨다.

"굶지 말고. 라면 먹을 바엔 국수 끼리 먹어 잉! 고거시 속은 덜 깎잉께. 알긋쟈? 글고 너그 과 선배들하고는 절대 어울리면 안 된다 잉?"

시국이 어수선하니 어머니의 걱정이 한 가지 더 늘었다. 진학할 과의 선배들이 연행됐다는 소식 86년 2월 4일 서울대 연합 집회에 참석했다 연행된 우리 학교 학생이 50명이 넘었다. 이 신문에 크게 실린 탓이었다. 어머니는 귀에 못이 박히도록 같은 말을 되풀이했다. 버스가 한강을 건널 즈음, 고향 떠날 때 어머니가 절대 어울리지 말라고 했던 그 선배들이 앞 좌석에서 고개를 흔들며 졸고 있었다.

"전부 내려."

닭장차 경찰 버스와 전경이 서울대 정문 앞을 둘러싸고 있었다. 정보가 샌 게 분명했다. "안 내려? 어서 내려. 이 개새끼들아!"

전경이 버스로 올라와 욕을 퍼부었다. 버스에서 내리자마자 주먹이 날아들었고 사람들이 여기저기서 비명을 질렀다. 30여 명이 앞사람 어깨에 손을 얹고 고개를 숙인 채 얻어맞으며 걸었다. 한참을 걸어 동양에서 제일 크다는 파출소 지하실에 도착했다. 많이도 잡혀와 있었다. 드넓은 지하실이 수백 명의 학생으로 꽉 찼다. 대강 헤아려 봐도 우리 학교 학생이 60명 이상이었다. 몇 시간 뒤 학교별로 닭장차에 태워 관할 경찰서로 호송됐다.

경찰서에서 보리밥과 단무지 세 개가 진부인 도시락을 허겁지겁 먹어치웠다. 시간이 제법 흘렀지만 조사는 시작되지 않았다. 나란히 줄을 맞춰 앉아 있는 모습이 마치 전쟁 포로 같았다. 그때 삐걱하고 문이 열렸다. 모든 시선이 그곳으로 쏠렸다.

"문화패, 네 명 나와!"

내 귀로 듣고도 믿을 수가 없었다.

"에이, 잘못 들었겠지?"

"문화패, 네 명 안 나와!"

틀림없이 우리를 부르는 소리였다. 숨이 막혔다.

"도대체 어떻게 알았을까? 혹시 우리 내부에……. 아니야, 그럴 리가 없어."

우리 동아리는 오늘 집회에 네 명이 참석하기로 결의를 모았다. 생긴 지 1년밖에 안 된 문화패라 회원이라고 해봤자 달랑 다섯 명이 전부였다. 만약을 대비해 한 명은 학교에 남기로 했었다. '이게 무슨 날벼락이란 말인가? 동아리가 이렇게 풍비박산이 나는구나.' 우리는 서로 눈빛을 주고받으며 각오를 다지듯 입술을 깨물었다. '올 것이 왔구나. 의연하게 대처하자.' 주먹을 불끈 쥐고 고개를 쳐들었다. 그때였다. 문 앞에 앉아 있던 네 명이 자리에서 일어나는 게 아닌가?

"엥, 이게 뭐야?"

'문 앞에 네 명 나와'를 '문화패 네 명 나와'로 잘못 들은 것이었다. 밤늦게 경찰서에서 풀려났다. 문화패 네 명은 막걸리집에서 '문 앞에 네 명 나와'를 안주 삼아 밤이 이슥하도록 술을 마셨다.

사랑을 잃고
나는 새벽기차를 탔다

──────── 고향에 설 쇠러 가는 길에 오랜만에 추억의 무궁화호를 다시 타게 되었다. 정작 설 땐 별 감흥이 없었는데, 오래 전 어느 늦겨울처럼 가슴엔 봄바람이 불어댄다. 이러다간 술에 취해 사고 한번 칠 것 같다. 실행 확률은 그 옛날보다 현저히 낮지만, 이왕이면 아주 오래 전 그날처럼 기분 좋은 사고가 되기를 바란다.

제정신이 돌아오면 취했을 당시의 행동을 후회하는 경우가 많다. 대부분 흥분된 감정을 절제하지 못해 저지르는 일이기에 타인에게 피해를 주거나 관계에 치명적인 상처를 남기기 때문이다. 하지만 모든 일이 그렇듯 술 취했다고 안 좋은 일만 생기는 건 아니다. 가끔은 잘했다고 스스로를 칭찬하게 되는 경우도 있다.

1988년 겨울이었다. 연애 전선에 이상이 생겼다. 마음이 답답하고 복잡했다. 학교 주변에서 친구들과 부어라 마셔라 막걸리를 들이키고 고래고래 노래도 불렀지만 친구도 술도 위로가 되지 못했다. 바다가 보고 싶다고 소리를 질렀지만 동행하겠다는 녀석이 없었다. 술이나 더 마시라는 친구들의 손을 뿌리치고 거리로 나섰다. 땡전 한 푼 없는 상거지가 서울을 벗어날 방법이 없었다. 하는 수 없이 누나에게 손을 벌려 달랑 차비만 들고 불콰하게 취한 상태로 청량리역으로 갔다.

당시엔 심야고속이 없던 때라 기차가 그 시간 유일한 교통수단이었다. 무궁화호 입석표를 구해 밤 열시쯤 기차에 올랐다. 양평-원주-제천-영월-태백-동해를 지나 새벽 네 시가 넘어서야 도착하는 장장 6시간 30분짜리 대장정이었다. 표를 끊고 기차에 오른 것까지는 기억이 또렷한데 그 후 상황은 가물가물하다. 취한 상태에서 입석으로 얼마나 버틸 수 있었겠는가? 이후 벌어진 일은 깨어나고 나서 어떤 할머니한테 듣고서야 알 수 있었다.

원주를 지날 때쯤 눈이 펑펑 내렸단다. 열차가 역에 정차할 때마다 승강장에 나가 강아지마냥 뛰어다니더란다. 그것도 잠시뿐 어느 순간부턴지 밖으로 나가지 않고 꾸벅꾸벅 졸더니 좌석 위 선반으로 기어올라 드러눕더란다. 자는 자세가 위태로워 보여서 할머니가 내 허리띠를 풀어 몸을 선반에 묶었단다.

그러면 그렇지. 잠결에 몸이 불편해 자세를 바꾸려는데 말을 듣지 않았다. 마치 커다란 돌덩이가 몸을 짓누르는 느낌이었다. 끙끙거리며 이리저리 몸을 흔들었지만 소용없었다. 그때였다. 어디선가 "젊은이, 젊은이!" 하는 소리가 들리더니 몸이 자유로워졌다.

"깼어?"

할머니가 인자한 눈빛으로 나를 바라보며 웃고 있었다. 할머니 손엔 내 허리띠가 들려 있었다.

한 시간쯤 더 달려 강릉에 도착했다. 버스가 다닐 때까지 대합실에서 기다리며 거울을 봤더니 꼴이 가관이었다. 머리는 떡이 지고 입성도 꾀죄죄했다. 경포대엔 잿빛 하늘 아래로 눈발이 날렸다. 날이 흐려 기대했던 일출은 보지 못했지만 거

세게 몰아치는 파도가 내 기대를 압도했다. 인적이 뜸했다. 미친놈처럼 백사장을 뛰어다니며 고래고래 소리를 질렀다.

"잘 가라. 겨울! 잘 가라. 내 사랑!"

그렇게 겨울을, 사랑을 보내고 서울로 돌아와 봄을 맞이했다. 그때 내 나이 사랑을 잃은 스물세 살이었다.

수배령 그리고
든든한 후원자 성규 씨

──────── 89년 나에게 수배령이 떨어졌다. 동가식서가숙하던 생활을 청산하려고 겨우겨우 월세방 선배와 함께 살았다. 보증금 100만원과 월세 4만원은 그 선배가 부담했다.은 구했지만 생활비와 활동비가 문제였다. 목에 풀칠이라도 하면서 움직이려면 지인들에게 손을 벌리지 않을 수 없었다. 수배중인 동지들과 인맥이 겹치는 경우가 많아 같은 날, 같은 시각에, 같은 지인을 찾아가는 민망한 일이 벌어지기도 했다.

수배 생활 초기엔 쭈뼛거리느라 차마 말을 꺼내지 못하고 발길을 되돌릴 때가 많았다. 하지만 절박함 앞에 체면은 설 자리가 없었다. 내 처지를 안타까워하던 동기가 자신의 선배를 소개해줬다. 매달 일정한 날 그 선배를 찾아갔고 그때마다 내게 봉투를 내밀었다. 어느 날 그 선배가 다급할 때 사용하라며 다방에서 자기 손가락에 끼고 있던 금반지를 빼서 내밀었다. 못 받겠다고 버텼지만 안 받으면 다신 만나지 않겠다는 말에 지고 말았다. 출소 후 그에게 되돌려주려고 금반지를 맡긴 전당포를 찾아갔지만 안타깝게도 보관 기간이 지나 찾을 수 없었다.

수배당한 지 몇 달이 흐른 어느 날, 그 선배가 자기가 다니는 교회에 친한 친구가 있는데 만나보지 않겠느냐고 제안했다. 서울 남산 중턱 후암동에 살고 있던 성규 씨를 그렇게 처음 만났다. 매달 정기적으로 후원금을 보내줬고 불시에 도움을 청해도 한번도 거절하지 않았다. 가투에 나가면서 신분 위장용으로 쓰려고 그에게 현대전자 사원증을 받기도 했다. 그가 삐삐를 사 줬고 월납부금도 내주었다. 그의 형은 결혼식 날 받은 축의금의 일부를 내게 건넸다. 후원금만이 아니었다. 성규 씨 집은 마땅히 갈 곳을 못 찾은 동지들의 임시 둥지가 되어줬다. 그는 조직에 컴퓨터 여러 대를 기증하기도 했다. 나도 종종 성규 씨네 집에서 묵었다. 그때마다 어떤 상황인지 뻔히 짐작했을 테지만 동생들과 부모님도 묵묵히 불편을 감내해 줬다.

　성규 씨는 후원을 넘어 점차 조직 활동을 함께하는 동지 관계로 나아갔다. 성규 씨가 소개한 교회 후배가 활동 중에 연행됐고 사노맹사건이 터졌을 때 안기부가 그린 조직도에 성규 씨가 다니는 후암동교회도 포함됐다. 그 사건으로 교회 청년회 활동에 많은 어려움이 있었을 것이다.

　성규 씨의 도움이 없었더라면 수배 생활 2년 동안 궁핍을 견디기 어려웠을 것이다. 조직 활동도 지속하기 힘들었을 것이다. 출소 후 결혼해 성규 씨와 교회 청년들을 집들이 첫 손님으로 초대했다. 옆지기와 상의해 시계를 차고 다니지 않던 성규 씨에게 감사의 마음으로 값싼 손목시계를 선물했다. 그에게 문건 말고 뭔가를 건넨 건 그날이 처음이었다.

최근 10여 동안 연락이 끊겼던 성규 씨를 페이스북을 통해 다시 만났다. 요새는 같이 데모하러 다닌다. 성규 씨를 비롯한 많은 이들의 후원이 있었기에 20대의 첫 마음을 잃지 않을 수 있었다. 그 덕에 지금도 네모 현장을 지키며 살고 있다는 걸 기회가 닿으면 꼭 말하고 싶었다. 마침 오늘이 가난하고 힘든 이들을 사랑하고 연대한 예수를 기리는 날이라 예전 애기를 꺼내 보았다.

"성규 씨, 당신이 보내준 소중한 연대에 깊이 감사드립니다."

잠자리 전투

──────── 수배 중일 때 도피 생활의 가장 큰 고민거리는 잠자리였다. 한 달 정도 머물 곳을 찾으면 횡재였고 일주일도 감지덕지였다. 달랑 가방 하나 들고 이곳저곳 떠돌아다니며 얻어먹고 지내는 생활도 막다른 골목에 이르렀다. 점점 찾아갈 곳이 줄어들다 선택의 여지가 없는 상황에 처했다. 허름한 여인숙을 찾거나, 돈이 궁할 때 그마저도 어려워 만화방 신세를 져야만 했다. 요즘처럼 찜질방이 있었으면 좋았으련만 당시엔 그런 것도 없었다.

잠자리를 미리 정하지 못한 날은 하루 종일 일이 손에 잡히지 않았다. 1년여를 그렇게 살다 더 이상 밤거리를 배회할 수 없는 지경에 이르렀다. 낮에 길거리에서 현기증으로 쓰러져 병원에 실려 간 것이다. 영양실조, 급성 간염, 황달 진단이 내려졌다. 경찰의 추적을 피하기 위해 급히 후배 신분증을 빌려 변두리 병원에 2주간 입원했다.

퇴원하자마자 숙소 구하는 일을 서둘렀다. 같은 조직에서 활동하던 선배와 함께 지낼 방을 얻기로 했다. 선배가 보증금 100만원을 구해 와 이수역 부근 경문고등학교 뒤편 달동네에 월세 4만 원짜리 방을 얻었다. 짐을 풀고 방에 앉았을 땐 결과와 상관없이 시험 다 보고 교실 문을 나서는 학생이라도 된 듯 홀가분하고 기뻤다.

방을 구한 첫날, 깊은 밤 양손에 연탄 두 장과 청하 한 병을 들고 비가 내리는 언덕길을 콧노래를 부르며 올랐다. 방에서 불빛이 새어 나왔다. 동거인이 먼저 귀가했으려니 생각하고 문 앞에 섰는데 안에서 두런거리는 소리가 들렸다. 한두 명이 아니었다. 인기척을 하자 그 중 한 명_{학교 선배였다.}이 문을 열고 나왔다. 문틈 사이로 새벽바람_{서울지역민주주의학생연맹의 기관지} 편집국원으로 보이는 이들의 모습이 비쳤다.

회합 장소가 마땅치 않아 불가피하게 이곳에 모였으니 나더러 오늘은 밖에서 잘 수 없겠느냐고 물었다. 사전에 동거인에게 양해를 구했다고 했지만 난 금시초문이었다. 설령 먼저 알았더라도 거부했을 것이다. 울화가 치밀었다. 도피 중인 조직원의 안위를 고려했다면 이래선 안 된다고 생각했다. 얼마간 시간이 흐른 뒤라면 모를까, 병원에서 나와 방을 구한 첫날 닥친 상황이라 더 납득할 수 없었다. 여관비를 주겠다는 제안을 단호하게 거부하고 당장 나가달라고 요구했다. 잠시 정적이 흘렀고 체념한 듯 그가 안으로 들어갔다.

얼굴을 보지 않으려고 자리를 비켜줬다. 짐을 챙겨 방을 나서는 사람들의 뒷모습을 멀리서 지켜보면서도 쉽게 흥분이 가라앉지 않았다. 방에 앉아 잔에 술을 따랐지만 목에 걸려 넘어가지 않았다. 짧은 순간이었다. 채 30초도 안 돼 후

회했다. 부리나케 언덕을 내달렸다. 이름을 부를 수 없는 상황이라 골목을 이리 저리 헤맸지만 찾을 길이 없었다. 방으로 돌아와 병나발을 불었다. 사후에 조직이 이 문제로 자기 비판서를 작성하라고 지시했지만 난 징계를 하든 말든 알아서 하라며 응하지 않았다.

그날 밤 내가 밤거리로 쫓아낸 선배를 어제 22년 만에 만났다. 미안했다고 말하며 서로의 잔을 채웠다.

"현기 형, 귀영아. 이제 언제든 놀러와."

여대에서의 늦잠
그리고 여장 탈출

———————— 몽롱한 상태로 여유부리다 회사에 3분 지각했다. 1년에 한번 있을까 말까 한 일이다. 오랜만에 지각하고 보니 예전 일이 마치 엊그제 일처럼 선명하게 떠오른다. 오늘 같은 지각이야 직장인이라면 1년에 한두 번은 경험하는 일이지만, 그때는 정말이지 늦잠 때문에 경을 칠 뻔하였다.

수배 중이던 89년 가을 어느 날이었다. 모임을 끝내고 하룻밤 묵기 위해 학특위 학생특별위원회 활동을 함께하던 동료를 따라 북한산 아래에 있는 상명여대 96년 남녀공학이 되면서 상명대로 바뀌었다.로 갔다. 경찰에 쫓기는 몸이어서 늘 이런 식으로 잠자리를 구했다. 숱하게 많은 학교에서 자 봤지만 여대로 간 건 그때가 처음이었다. 경비에게 들키지 않으려고 정문을 피해 잠입했다. 우여곡절 끝에 창문을 통해 학생회관으로 들어갔다. 소파에 누워 늦은 잠을 청했다.

잠이 들기 전 내일 아침 일찍 깨야 한다고 수없이 되뇌었지만 몸이 말을 듣지 않았다. 잠자리도 불편한데다가 도망다니느라 몸과 마음이 지친 탓이었다. 눈을 뜨자 이미 날이 밝아 있었다. 학생들 등교하는 소리가 들렸다. 아차 싶었다. 학생들 눈에 안 띄게 학교를 빠져나갈 방법을 궁리했지만 묘안이 떠오르지 않았다. 함께 숙식한 동료 중에 승용차 있는 이가 있으면 짐칸에 몸을 숨길 수 있었겠지만 그런 사람이 있을 리 만무했다. 그때 여장을 하자는 얘기가 나왔다. 그 수밖엔 달리 방법이 없었다. 모자를 깊게 눌러쓰고 품 넓은 겉옷을 걸친 채 어색한 걸음걸이로 교정을 가로질렀다. 바지와 신발은 그대로였다. 교문까지 그리 멀지 않았는데도 그 짧은 시간이 왜 그리도 길게 느껴지던지 마치 슬로비디오로 걷는 기분이었다. 교정을 벗어나자마자 택시를 잡았다. 내가 모자와 겉옷을 벗자 택시 기사가 정신이 반쯤 나간 표정을 지었다. 택시 기사의 놀란 표정이 지금도 잊히지 않는다.

그해 나와 같은 활동으로 수배 중이던 성신여대 특별위원회위원장도 어느 날 늦잠을 잤다. 교내 집회를 주도하려고 대학에 진입해야 하는 날이었다. 수배 중이라 대학교로 직행하는 건 위험 부담이 커서 종종 하던 대로 여고생으로 위장해 성신여고 정문 통과를 시도했다. 성신여고를 통과하면 숲길을 통해 대학으로 갈 수 있었다. 하지만 등교 시간이 지난 게 화근이었다.

지각생인 까닭에 경비가 꼬치꼬치 신상을 캐물으며 학생증을 제시하라고 했지만 준비가 안 돼 있었다. 수상하게 여긴 경비가 신분을 확인하려고 무슨 반이냐고 묻자 위원장이 너무도 당당하게 3학년 몇 반이라고 대답했다. 그 답변이 사고를 일으켰다. 사전에 정보를 제대로 파악해두지 못한 잘못이 컸다. 성신여고는 반명으로 매화, 민들레, 코스모스 등 꽃 이름을 사용하고 있었다. 직업 정신 투철한 경비원은 경찰에 신고를 했다. 성신여대 위원장은 그 자리에서 경찰에 연행돼 구속되고 말았다.

전화 부스에서
우는 청년

————— 3년째 고향에 가지 못하던 90년, 여기저기 떠돌며 숙식을 해결하고 있었다. 경찰 추적을 피해야 했기에 그들이 예측할 수 있는 사람들을 제하고 나면 갈 곳이 마땅치 않았다. 나와 연관 지을 수 없는 사람을 지인한테 소개받아 짧게는 며칠, 길게는 한 달 정도 묵었다. 하지만 이런 생활도 명절이 되면 여의치 않았다. 수배령 때문에 두문불출 집에만 틀어박혀 있어야 했지만 주인 없는 집에 홀로 있는 일도 고역이었다. 그래도 주위의 시선을 끌 만한 행동은 금물이었다. 낯선 사람이 주인 없는 집에 드나든다는 얘기가 나돌면 위험해질 수 있었다. 그 즈음 같은 처지에 있던 네 명이 경기도 한 농가에 모여 설 연휴를 함께 보내기도 했다.

명절은 쫓기는 이들에겐 불편이 배가되는 달갑지 않은 연례 행사였다. 그해 추석, 여인숙이나 만화방 신세를 질 생각으로 잠시 머물던 지인의 집을 나와 무작정 거리를 걸었다. 종로에서 영화를 보고 종묘공원에 앉아 바삐 움직이는 사람들을 물끄러미 쳐다보며 시간을 보냈다. 차창 밖으로 스치는 풍경을 바라보는 걸 좋아했다. 노선도 확인하지 않고 정류장에 막 들어선 버스에 올랐는데 공교롭게도 서울역을 경유하는 버스였다.

서울역에서 내렸다. 떠나고 도착하는 이들에게서 눈을 떼지 못하고 두어 시간을 보냈다. 도시의 이방인이 된 느낌이었다. 어둠이 깔릴 무렵 한강을 향해 걷다 다시 버스를 타고 도착한 곳이 강남고속터미널이었다. 오지 말았어야 했다. 멀리서 매표소를 응시하다 울적한 마음으로 발길을 돌렸다.

밤이 깊어갔다. 숙소를 정한 뒤 술로 향수를 달래는 수밖에 도리가 없었다. 싼 여인숙을 찾아 도심을 벗어났다. 포장마차에 들렀는데 급히 먹은 탓인지 채 소주 한 병을 마시기도 전에 취기가 올랐다. 한 병 더 주문해 두세 잔 마시다 일어났다. 오늘 하루도 무사히 보냈다는 안도감이 피로를 부추겼다. 잠을 청하면 그것으로 긴 하루도 끝이었다. 공중전화 부스를 발견하기 전까지는 그렇게 끝나는 줄 알았다.

가로등 아래 공중전화 부스에 몸을 기댔다.

"엄마."

"오메, 이게 누구여. 밥은 묵었냐? 잠은 워디서 잔다냐?"

"어디 편찮은 덴 없으세요? 아버지는요?"

"오냐, 우린 괜찮여. 니 걱정이나 혀."

말을 잇지 못했다. 한 손에 수화기를 들고 다른 한 손으로 연거푸 동전을 집어넣으며 울기만 했다.

"야가 무슨 일 있는갑네. 아가, 뭔 일이냐? 오메, 이를 어쩐댜?"

수화기 너머 어머니의 목소리는 이미 눈물에 젖어있었다.

"아녜요. 전 괜찮아요. 이번에도 못 가서 죄송해요. 그만 끊을게요."

장소를 이동해 잠자리를 정했다. 방바닥에 엎드려 흐느꼈다. 그날 밤 심하게 앓았다. 열에 들떠 끙끙거렸다. 돌이켜 생각해 보면 좀 더 의연하게 통화하지 못한 게 후회스럽기도 했다. 내 울음이 어머니 가슴에 대못을 박았음을 자식 키우는 요즘에야 조금 알 것 같다. 주무시다 말고 쫓기는 자식의 울음소리를 들은 어머니는 그날 밤 얼마나 아프셨을까.

모레 부모님과 누나들이 살고 있는 고향에 간다. 지금도 집으로, 고향으로 가지 못하고 공장에서, 거리에서, 농성장에서 전화기를 붙들고 우는 이들이 있다. 역과 터미널 주변을 배회하다 발길을 돌려야만 하는 쫓기는 이들이, 공중전화 부스 안에서 말을 잇지 못하고 울기만 하는 이들이, 자식의 울음소리를 들으며 가슴 무너져 내리는 부모들이, 억압·착취·차별에 저항하다 구속·수배 당하는 이들이 아직도 많다. 이번 한가위엔 그들 모두 가족 품으로 돌아가는 세상이 오기를 빈다. 나처럼.

"어머니, 저 모레 가요."

체포 위기에서
벗어나다

———————— 첫 번째 위기

경찰이 찾아왔다. 도피 중에 어머니의 상경 소식을 듣고 새벽 2시쯤 서울 방배동에 살던 둘째 누나네를 찾았다. 밥만 먹고 곧바로 집을 나섰다. 내가 떠난 뒤 채 10분도 되지 않아 누군가 문을 두드렸다.

어머니 : 누구세요?

경찰 : 저예요

어머니 : 저라뇨?

경찰 : 은탁이요.

어머니 : 내가 자식새끼 목소리도 모를까봐?

경찰 : (머뭇거리다가) 경찰입니다.

어머니 : 경찰이 이 야밤에 뭔 일로?

경찰 : 은탁이가 임종석 당시 전국대학생대표자협의회 의장으로 그도 수배 상태였다. 이랑 같이 있다는 신고를 받고 왔습니다.

어머니가 문을 열고 손에 든 빗자루를 휘두르며 소리를 질렀다.

어머니 : 은탁이는 민민투 반제반파쇼 민족민주투쟁위원회 고 종석이는 자민투 반미
자주화 반파쇼민주화투쟁위원회 인데 어떻게 같이 다녀?

경찰 : …….

두 번째 위기

몇 달 후, 잘 곳을 못 찾고 헤매다 결국 일요일 새벽녘에 둘째 누나네를 또 찾
았다. 배를 채우고 잠깐 눈만 붙이려다 깊이 잠들고 말았다. 곤히 자는 동생을 깨
우기 안쓰러웠던 누나는 별일 없겠거니 생각하고 교회에 갔다.

전화벨 소리에 잠에서 깼다. 한두 번도 아니고 끊임없이 전화벨이 울렸다. 받
으면 안 되는 줄 알면서도 잠결에 무심코 수화기를 들고 말았다.

상대 여성 : 여보세요?

나 : …….

상대 여성 : 은탁이 오빠 누나네죠?

나 : …….

오빠라는 호칭부터 낯설었다.

상대 여성 : 급히 전할 말이 있어서 연락했어요.

나 : 전화 잘못 걸었습니다.

(말대꾸를 하지 말았어야 했다. 전화를 건 사람이 여경이었다는 건 나중에 알
았다.)

대형 사고였다. 누나네 전화번호를 알고 있는 내 지인은 없었다. 수화기를 내려놓자마자 낮은 포복으로 옥상을 기어 가 대문 밖을 살폈다. 사복형사들이 이미 골목을 점령하고 주인집을 통해 안으로 들어오는 중이었다. 반지하까지 계산하면 누나네는 3층이었다. 경찰이 누나네로 직접 오르는 계단을 파악하지 못하고 주인집을 통해 진입했다. 옷과 신발을 챙길 겨를조차 없었다. 형사들과 대치 상황을 예상해 부엌에서 식칼을 꺼내 쥐고 죽기 아니면 까무러치기 심정으로 뒤편 옥상 난간에서 1층 시멘트 바닥으로 뛰어내렸다. 폭이 1m도 되지 않는 건물 사이의 비좁은 공간이라 여기저기 몸이 긁혀 피가 흘러내렸다. 발목을 삐어 걸음을 옮길 때마다 고통이 극심했지만 잡히지 말아야 한다는 일념뿐이었다.

　　다세대주택을 여러 채 건너뛰어 큰길로 나섰다. 버스 정류장에서 학생에게 회수권을 구걸했다. 반나체 차림의 피범벅이가 29번 버스 안에 주저앉아 신음소리를 내자 사정을 알 리 없는 승객들이 자리를 피했다. 마땅히 갈 곳이 떠오르지 않았다. 한 시간쯤 뒤에 무학여고에서 내려 골목길을 따라 절뚝거리며 학교로 뛰었다. 학생회관에 도착하자마자 정신을 놓고 말았다. 옷가지를 챙겨 학교로 온 누나가 대성통곡했다.

　　누나가 도주 이후 상황을 전해주었다. 교회에 다녀오니 경찰이 집을 뒤지고 있더란다. 내가 전화 받은 것을 확인하고 들이쳤는데 사라지고 없자 당황한 경찰이 장롱, 냉장고, 세탁기, 신발장까지 뒤졌단다.

　　누나는 울고 웃었다고 했다. 상황이 서러워서 울었고 내가 잘 도망쳐서 웃었단다. 경찰은 상황을 파악하지 못했지만 누나는 먼지 쌓인 옥상 난간에 손바닥이 찍힌 걸 보고 내가 뛰어내렸다는 걸 알았단다. 두 번의 위기를 겪고 경찰에 붙잡힐 때까지 다시는 누나네를 찾지 않았다. 누나네에 갈 때마다 사건이 벌어진 이유도 알게 됐다. 신고한 사람은 슈퍼마켓 주인이었다. 강력범이니 즉시 경찰에 신고하라는 말을 들었다고……. 누나네는 범죄자 동생을 뒀다고 주인한테 그 집에서 쫓겨났다.

"이제 더 이상 니가 도망 안 다녀도 되고, 어디 있는지 아니까 속은 편하다."

구속됐을 때 둘째 누나가 한 말이다.

그 가을에 나는

─────── 어제 재능 종탑 농성 문화제에서 〈이 가을에 나는〉을 김남주 시인의 육성으로 듣다가, '아, 내리고 싶다 나도 여기서 차에서 내려 / 아이들이 염소에게 뿔싸움을 시키고 있는 / 저 방죽가로 가고 싶다 / 가서 나도 그들과 함께 일하고 놀고 싶다. / 이 허리 이 손목에서 사슬 풀고 오라 풀고 / 발목이 시리도록 들길을 걷고 싶다'는 대목에서 울컥했다.

91년 10월, 항소심까지 끝나 형이 확정된 상태로 성동구치소에서 언제 닥칠지 모를 이감을 기다리고 있었다. 아침 배식이 끝나갈 무렵 짐을 챙기라는 보안과 직원의 말에 동지들과 인사도 나누지 못한 채 압송차에 올랐다. 어디로 가느냐고 물었지만 묵묵부답이더니 차가 고속도로에 진입하자 그때서야 진주교도소로 간다고 알려줬다. '진주라 천릿길'이란 말이 있을 정도였으니 부지런히 달려도 예닐곱 시간 이상 걸리는 머나먼 여정이었다.

양옆에 교도관이 앉아 승용차 뒷좌석이 숨조차 쉬기 어려울 만큼 비좁았다. 게다가 수갑과 포승줄에 묶이고 오랜만에 차를 탄 탓에 멀미를 해 동경하던 가을 풍경이 눈에 들어올 리 없었다. 시간이 흐를수록 얼굴이 하얗게 변해갔다. 속이 안 좋아 일부러 점심을 걸렀지만 멀미가 심해 몇 번이고 차를 세워야만 했다. 노란 위액까지 넘기고 초죽음이 되었지만 진주교도소 부근의 국도변에 차를 세우고 또 다시 토했다.

다 게워내고 고개를 들었을 때 누렇게 익은 벼와 논둑길이 눈에 들어왔다. 눈물이 날 정도로 그 길을 달리고 싶었다. 하지만 그 가을에 나는 손과 몸이 묶인 푸른 옷의 수인이었다. 엄마가 해주는 밥을 먹을 수도, 일터에 가서 아빠를 도울 수도, 사랑하는 연인을 안을 수도 없는, 아 나는 푸른 옷의 수인이었다.

이 가을에 나는 / 김남주

이 가을에 나는 푸른 옷의 수인이다.
오라에 묶여 손목이 사슬에 묶여
또 다른 감옥으로 압송되어가는

어디로 가는 것일까 이번에는
전주옥일까 대구옥일까 아니면 대전옥일까

나를 태운 압송차가
낯익은 거리 산과 강을 끼고
들판 가운데를 달린다.

아, 내리고 싶다 여기서 차에서 내려
따가운 햇살 등에 받으며 저만큼에서
고추를 따고 있는 어머니의 밭으로 가고 싶다.
아, 내리고 싶다 여기서 차에서 내려
숫돌에 낫을 갈아 벼를 베는 아버지의 논으로 가고 싶다.
아, 내리고 싶다 나도 여기서 차에서 내려
아이들이 염소에게 뿔싸움을 시키고 있는
저 방죽가로 가고 싶다
가서 나도 그들과 함께 일하고 놀고 싶다.
이 허리 이 손목에서 사슬 풀고 오라 풀고
발목이 시리도록 들길을 걷고 싶다
가다가 숨이 차면 아픈 다리 쉬었다 가고
가다가 목이 마르면 샘물에 갈증을 적시고
가다가 가다가 배라도 고프면
하늘로 웃자란 하얀 무를 뽑아 먹고
날 저물어 지치면 귀소의 새를 따라
나도 가고 싶다
나의 집으로

그러나 나를 태운 압송차는 멈춰주지 않는다.
강을 건너 내를 끼고 땅거미가 내리는 산기슭을 달린다

강 건너 마을에는 저녁밥을 짓고 있는
연기가 하얗게 피어오르고

이 가을에 나는 푸른 옷의 수인이다
이 가을에 나는
이 가을에 나는
푸른 옷의 수인이다.

미행
그리고 그 녀석

──────────── 초등학교 4학년 때 동네 새댁이 우리 집으로 찾아왔다. 그녀는 천 원을 주면서 나와 동생에게 자기 옆지기가 어디로 가는지 알아달라고 부탁했다. 당시에 천 원이면 나와 동생이 한 달 동안 쓰고도 남을 큰돈이었다. 우리는 돈의 유혹에 굴복하고 말았다.

아저씨 뒤를 쫓는데 무슨 큰 죄라도 짓는 양 가슴이 콩닥거렸다. 우리는 아저씨가 동네에서 20분 거리에 있는 미장원으로 들어가는 걸 확인하고 새댁에게 알렸다. 그 뒤 어떤 일이 벌어졌는지는 모른다. 그때 난생 처음 '미행'이란 걸 해 봤다. 훗날 학생운동을 하면서 거꾸로 내가 '미행' 당하지 않을까 매 시간 확인하는 생활을 하게 될 줄 누가 알았겠는가?

8~90년대 비합법 조직원끼리 회합하기 위해선 반드시 거쳐야 할 과정이 있었다. 약속 장소를 몇 차례 옮겨가며 미행을 확인하는 절차를 밟아야 했다. 아무리 시간에 쫓겨도 곧바로 만나는 경우는 없었다. 이렇게 꼬리 미행자가 붙었는지 확인하는 일을 '소독'이라 불렀다. 만나는 상대방의 보안 등급에 따라 시내를 빙빙 돌며 4~5차례 소독하는 경우도 있었다. 1990년 1월 길음동, 신길동 가투 거리

투쟁 준비 상황을 공유하기 위해 성신여대 부근에서 백태웅 씨를 만날 일이 있었다. 그땐 다섯 시간 동안이나 소독했다.

소독은 하위 보안 등급자가 카페 같은 약속 장소에 5분 전에 도착해 기다리다 카운터로 걸려온 전화로 다음 약속 장소를 전달받는 방식으로 이뤄졌다. 그 과정에서 상위 보안 등급자가 하위 보안 등급자의 움직임을 멀리서 지켜보면서 꼬리가 붙었는지 확인했다. 약속 시간 5분 후에도 연락이 없으면 무조건 자리를 피해야 했다. 모임의 비중에 따라 따로 소독 전담 단위가 움직일 때도 있었다. 소독에 들어가는 돈도 만만치 않았다. 끼니 걱정을 해야 하는 상황에서 커피숍, 레스토랑, 카페에 버리는(?) 돈이 아까워 주문을 안 하고 눈치껏 버티다 전화만 받고 자리를 뜨는 꼼수를 부리기도 했다.

92년 겨울이었다. 감옥에서 출소하고 고향에서 며칠 쉰 뒤 곧바로 서울로 올라갔다. 대선이 얼마 남지 않은 상황이라 마음이 급해 마냥 쉬고 있을 수 없었다. 끊긴 선 조직과의 연결 을 복원해야 했다. 조직 복귀 의사를 밝히자 며칠 후 연락이 왔다. 4호선 숙대입구역 커피숍에서 전화를 받았다. 몇 년이 흘렀지만 전화를 건 상대방 여자 후배 목소리가 귀에 익었다. 지정해 준 버스를 타고 신촌으로 자리를 옮겼다. 이어 남대문시장으로 옮기라는 두 번째 전화를 받고 상대가 후배일 거라 확신했다.

남대문시장 레스토랑에서 마지막 전화를 받고 거리로 나왔다. 최종 약속 장소로 가기 위해 시장 안으로 들어서는데 상가 유리창 건너편에서 나를 지켜보는 녀석의 모습이 얼핏 비쳤다. 워낙 체구가 작고 몸이 약해 시위에 데리고 다닐 때마다 다치지 않을까 늘 걱정했던 녀석이었다. 녀석의 임무는 거기까지였다. 이대로 헤어지면 또 언제 만날까 싶은 생각이 들어 규칙을 어겼다. 잰걸음으로 방향을 틀어 골목 안으로 몸을 숨겼다. 이번엔 내가 녀석의 뒤를 따랐다. 정류장에서 버스를 기다리는 녀석에게 다가가 슬며시 팔짱을 꼈다. 눈을 마주치자 환하게 웃었다.

"잘 가!"

그게 마지막 인사였다. 난 민중후보 백기완 선거운동본부로 파견됐고 그 후로 녀석을 보지 못했다. 몇 년 후 결혼해 아이를 낳았으나 그만 하늘나라로 훌쩍 떠났다는 소식을 들었다. 간혹 녀석을 생각하면 가슴이 아리다. 그때 따뜻하게 안아주기라도 할 걸, 뒤에라도 소주 한잔 같이 할 걸…… 자꾸 후회가 밀려온다.

가슴에 묻은 사랑

──────── 페이스북 친구들과 '멀리서라도 꼭 한번 보고 싶은 옛 연인'이 얘깃거리가 됐다. 나도 그런 사람이 있다. 고등학생 때 한 여학생을 짝사랑했다. 친구 따라 간 교회에서 그녀를 처음 보았다. 친구에게 도움을 청했지만, 교회는 연애하는 곳이 아니라는 핀잔만 들었다. 인연이 닿게 해달라는 내 기도가 통했는지 어느 날 친구가 못 이기는 척 다리를 놔줬다.

첫 데이트 때 전주아카데미극장에서 이연걸이 주연으로 출연한 <소림사2>를 봤다. 데이트할 돈을 마련하기 힘든 가난한 자취생이었던 까닭에 표는 각자 끊었다. 영화가 끝날 때까지 말 한마디 못 건네고 빡빡이의 활극만 쳐다봤다. 단단히 미치지 않고서야 키스신 한번 안 나오는 영화를 선택하다니……. 지금 생각하면 어리숙하고 한심한 선택이었다.

연애는 채 1년도 못 가 끝나고 말았다. 공부 핑계도 있었지만 그녀 부모의 반대가 컸기 때문이었다. 내로라하는 부잣집에서 가난한 유학생을 받아들인다는 게 쉽진 않았을 것이다. 난 대학 진학을 위해 상경했고 그녀는 전주에 남았다. 교회 친구들을 만나러 1년에 한두 번 전주를 찾았다. 그날은 마침 내 생일이었다. 친구들이 내 잔에 술을 따르기 시작했다. 한 명이 두 잔씩 권하던 우리의 주법에 따라 친구들이 차례차례 내 잔에 술을 채웠다. 열한 번째 친구가 술을 따르려는 순간 그녀가 수호천사를 자임하고 나섰다.

"15명이면 서른 잔인데 그걸 어떻게 단숨에 다 마시냐? 너부턴 나한테 따라라." 나와 그 자리에 있던 친구들 모두 그녀의 의외의 행동에 놀랐다.

그녀와 연락이 끊긴 채 몇 년이 흘렀다. 친구들이 하나둘 결혼을 하기 시작했다. 한 친구의 결혼식이 있기 전날 전주를 다시 찾았다. 모임이 끝날 무렵이었다. 나더러 그녀를 집에 바래다주라는 얄궂은 친구들의 말에 머쓱해하고 있는데, 그녀가 선뜻 그 제안을 받아들였다. 그녀의 집 근처에 다다랐을 때 그녀가 포장마차에서 한잔 더 하자고 제안했다. 우린 떨어지는 낙엽을 보며 말없이 잔을 비웠다.

1년 후 그녀가 교도소로 면회를 왔다. 몇 달 뒤 결혼식을 앞두고 있단 애길 풍문으로 얼핏 들었던 즈음이었다. 쇠창살을 사이에 두고 축하한다고 말을 건네자, 그녀는 알 듯 말 듯한 미소를 지었다. 출소할 무렵, 결혼해서 잘 살겠거니 생각했던 그녀가 결혼식 날 예식장에 나타나지 않고 가출해버렸다는 뜻밖의 소식을 들었다. 부모의 강요에 대한 반발이었다는 것 말고는 자세한 사연은 지금도 모른다. 왜 그랬을까? 어떤 사연이기에? 알 듯 말 듯했던 미소는 무슨 의미였을까?

가끔은 사연을 확인하고 싶은 충동이 일 때도 있지만 설령 그런 기회가 주어진다 해도 궁금증을 풀려고 하지는 않을 것이다. 모든 것을 알고 있는, 유리병 속의 편지를 꺼내고 싶은 사람도 있겠지만, 난 가슴에 고이고이 묻고 사는 사랑 하나쯤 남겨두고 싶다.

교도소 마라톤

─────── 다람쥐 쳇바퀴 도는 교도소의 일상에도 변화가 생길 때가 있다. 매년 10월에 열리는 체육대회도 그 중 하나였다. 10월에 열리는 이유는 국가가 73년에 공포한 '체육의 날'이 10월 15일이기 때문이다. 재소자들이 손꼽아 기다리는 날이었다. 부서 노역장 간 경쟁도 치열해서 특정 종목은 미리 선수를 정해 1년을 준비시켰다.

분위기는 초등학교 운동회를 떠올리면 된다. 차이가 있다면 남자들만의 체육대회라는 점이다. 운동장에 만국기가 걸리고 입장식 땐 재소자들이 익살스럽게 꾸민 복장으로 가장행렬을 했다. 주로 여장이 많았다. 경찰서, 농협, 소방서, 4H클럽, 면장, 법무부 등 내빈들이 참석한 무대엔 상품이 쌓여있고 응원전도 치열했다. 상품은 대부분 먹을거리였다.

경기 종목은 줄다리기, 씨름 등도 있었지만 80m 달리기, 운동장 세 바퀴 달리기, 다섯 바퀴 달리기, 여덟 바퀴 계주, 2인3각, 마라톤 등 육상 종목이 많았다. 그 중에서 마라톤 경쟁이 가장 치열했다. 마라톤이면 최소한 교도소 담장 밖으로 달릴 줄 알았는데 그게 아니라는 점이 실망스러웠지만 그래도 제일 재미있었다. 내가 이감된 첫해엔 광주에서 학생운동을 하다 구속된 동료가 2등을 했다. 3년 연속 2등이었다. 전국 교도소를 돌며 이감 마라톤을 평정해 온 20대 청춘이 3년째 1등을 독차지했다. 그는 강도죄로 복역중이었다. 이듬해 봄 두 사람이 출소하면 그 자리를 누가 차지하게 될 것인가가 관심사로 떠올랐다.

내년에는 내가 도전해보리라는 목표를 세웠다. 중간에 포기하지 않으려고 주위에 일부러 떠벌리고 다녔다. 운동 시간이 되면 '비가 오나, 눈이 오나, 바람이 부나' 운동장을 돌았다. 나만 도는 게 아니었다. 차기를 노리며 달리는 재소자들이 많았다. 나도 뒤질세라 방에 돌아와서도 '오늘도 달리고 달리고 달리고 달리고 돌아라, 지구 열두 바퀴'의 일념으로 제자리 달리기를 했다. 계절이 바뀌고 다리에 근육이 붙기 시작했다. 내가 봐도 멋졌다. 다만 시계가 없는 까닭에 속도가 붙는지는 확인할 길이 없었다.

그렇게 1년이 흘렀다. 결전을 앞두고 사제 운동화도 들여와 만반의 준비를 했다. 마라톤은 운동장 스무 바퀴 돌기였다. 한 바퀴는 대략 150m였다. 각 노역장에서 추천된 20여 명이 출발선에 섰다. 경기 규칙은 꼬리자르기 방식이었다. 경기 중 1위가 꼴찌를 따라잡으면, 꼴찌는 곧바로 탈락이었다. 열 바퀴쯤 달리자 탈락자가 나오기 시작했다. 연습은 실전과 천지차이였다. 1년을 연습했건만 하늘이 노랗고 가슴이 터질 것 같았다. 순위에 드는 건 포기하고 탈락하지 않는 것으로 목표를 수정했다. 운동장 돌기라 내가 1위를 쫓는 것인지 1위가 나를 쫓는 것인지 분간이 안 됐다. 15~16바퀴 돌 때쯤 4~50m 뒤에서 꼬리를 자르려 달려드는 1위에게 속으로 '저 도둑놈 새끼 더럽게 잘 뛰네'라고 욕하며 걸음아 나 살려라 뛰었다. 7위로 골인했다. 순위 밖이라 아쉽게도 상품은 없었다. 그래도 2인 3각에선 2위를 차지해 라면 한 박스를 받았다. 배식반에 부탁해 한 박스를 통째 삶아 찬물에 헹궈 냉면을 만들었다. 배식반에서 입수한 초고추장으로 비비면 대충 냉면 맛을 흉내 낼 수 있었다.

1년 목표를 세우고 열정적으로 노력했던 젊은 날의 흔치 않은 경험이었다. 연말, 연초에 뭔가 목표를 세우지 않은 지도 꽤 오래됐다. 나이 들어 게을러진 탓도 있지만, 이제는 해가 바뀌는 것도 하루의 연속이라는 생각만 들 뿐 특별한 감흥이 일지 않기 때문이다. 올해도 마찬가지다. 그저 내년에도 올해처럼 팔뚝질 열심히 하는 것, 잘 알려지지 않은 소외된 투쟁에 좀 더 관심을 갖는 것, 회사에서 내게 할당된 목표를 달성하는 것이 목표라면 목표이다. 그런데 이마저도 건강해야 할 수 있는데 이 글을 쓰면서도 몇 차례나 문 이놈의 담배가 문제다. 끊지는 못하겠고 조금씩 줄이기나 하자!

교도소 보안과
급습 사건

───────── 교도소 사동 독립 건물에서 허드렛일을 하는 이를 '소지'라고 한
다. 일제강점기 때부터 사용된 호칭으로 알고 있다. 국어사전을 찾아보니 불교
용어로 '마당 쓰는 일을 맡은 사람'이라는 어휘가 있는데 아마도 이것인 것 같다.

미결수에서 형이 확정돼 기결수가 되면 작업장을 배정받게 된다. 그때 작업
장이나 사동에서 교도관을 보조해 청소, 배식, 문서 수발 같은 업무를 하는 이를
'소지'라고 불렀다. 주로 모범수들이 역할을 담당했고 그들 중엔 병역을 거부한
여호와의 증인 신도가 많았다. 사동에 '소지'가 없다면 당장 업무가 마비될 정도
로 역할이 컸다. 하루에도 수십 번씩 소지를 부르는 재소자의 목소리가 사동 복
도를 울렸다. '소지'는 사동의 메신저였다.

진주교도소에 있을 때 교도관에게 소지 보조를 자청했다. 정치범은 작업장에
배정하지 않는 까닭에 운동과 면회 시간 외에는 방에서 나갈 기회가 없었기에,
자주 움직일 기회를 갖고 싶다는 욕심이 컸다. 또 같은 사동에 있는 동지들의 얼
굴을 자주 볼 수도 있었다. 운이 좋았는지 내 부탁이 받아들여졌다. 교도관 재량
으로 내린 비공식적인 결정이었다.

'소지'가 하는 일 가운데 가중 중요한 일이 배식이었다. 배식은 재소자 개개인과 방에 대한 '소지'의 감정이 개입될 수 있는 기회였다. 드러내놓곤 못하지만 '식구통 감방 문에 난 작은 구명 인심'이 존재함을 확인할 수 있었다. 부족한 찬을 방별로 골고루 분배하려면 여간 신경이 쓰이는 게 아니있다. 밥과 국은 부족한 경우가 드물었지만 찬은 그렇지 않았다. 계량을 잘못해 앞에서 인심 쓰다 보면 끝에선 욕먹기 십상이었다.

어느 날, 점심 배식을 하려는데 배달된 반찬 양이 유독 적어 도무지 100명이 넘는 사동 재소자에게 나눠줄 엄두가 나지 않았다. '소지'는 대충 하자는 눈치였지만 갑자기 성질이 났다. 냅다 반찬통을 들고 뛰었다. 보안과까지 가려면 철문을 세 번 통과해야 하는데 배식 시간이라 두 곳의 철문은 열려 있었다. 보안과로 통하는 마지막 철문 앞에 서서 노크를 했다. 철문 안쪽에서 경비를 서던 경교대원이 철문 눈높이에 설치된 조그만 쪽창을 열자 반찬통을 들어 보여줬다. 그곳은 열리지 않을 것이라 예상하고 거기서 소리를 질러야겠다고 생각했는데 경교대원이 무슨 생각이었는지 철문을 열었다. 아마 '소지 보조'인 나를 '소지'로 착각했을 것이다. 곧바로 철문을 밀치고 보안과로 내달렸다. 보안과 문을 열고 반찬통을 내던지며 소리 질렀다.

"야, 개새끼들아! 이걸로 어떻게 100명이 먹어? 너희나 처먹어라."

보안과 직원과 경교대에게 사지가 들려 내 방으로 옮겨졌다. 그 사건으로 사동 교도관은 징계를 받고 난 소지 보조에서 해고(?)됐다. 천만다행으로 징벌방에 유치되진 않았다. 교도소는 보안 점검을 한다고 난리를 피웠다. 물론 재소자들한텐 잘했다고 인사를 받았다. 92년도 일이다.

유치장 동기와의 해후

거리에서 우연히 마주친 사람과 다른 곳에서 새로운 인연으로 만나게 되는 일이 종종 일어난다. 87년 을지로에서 가투를 하다 연행됐다. 워낙 많은 사람이 연행되던 시절이라 경찰도 감당할 수 없었던지 특별한 경우가 아니면 대부분 훈방 조치하곤 했다. 그날도 한 경찰서에 무려 100여 명이 붙잡혀 오자 간단한 신상만 확인하고 연고자가 오면 곧바로 석방했다.

저녁 무렵에 모두 나가고 세 사람만 남았다. 한 분은 나이가 제법 들어 보였다. 그분 말로는 농사짓다 서울 구경 왔는데 영문도 모른 채 끌려왔다고 했다. 충분히 그럴 수 있는 상황이었다. 말투가 어눌한 그분 말에 믿음이 갔다. 다른 한 명은 자신은 대학생인데 친구 만나러 갔다가 연행됐다고 했다. 난 고등학생이라고 말했다. 복장도 그러했거니와 앳된 얼굴이라 충분히 먹힐 거라 생각했다. 그때 난 대학교 2학년이었다.

각자 숨긴 사연이 있어서인지 누구도 연고자에게 연락을 하지 않았다. 결국 세 명이 유치장에서 하룻밤을 보냈다. 이튿날 아침, 마음이 변했는지 대학생이 집에 연락하자 누나가 득달같이 달려왔다. 전날 밤 많은 얘기를 대부분 서로를 속이는 애기였다. 나누다 보니 말문이 트여 그 친구 누나에게 나와 농부의 서류에도 서명해 달라고 부탁해 셋이 함께 경찰서를 나왔다.

4년 후, 같은 조직에서 운동하던 동료와 부산으로 출장을 떠났다. 보안상 해서는 안 될 일이었지만 무사히 일을 끝냈다는 안도감에 같이 간 동지가 부산 사는 자기 친구를 불러 술을 마시자고 했다. 서면 부영극장 앞에서 그의 친구를 만났다. 낯익은 얼굴이었다. 근처 술집에 자리를 잡자마자 나는 만나는 순간부터 궁금했다며 동료의 친구에게 물었다.

"혹시 저와 어디선가 만난 적 없습니까?"

"저도 분명히 구면이라고 생각해 아까부터 머리를 굴리고 있습니다."

"혹시 전에 경찰에 연행된 적 없습니까?"

"맞다, 유치장!"

"어쩐지 낯이 익더라고요."

경찰에 연행됐던 그날, 그도 조직의 지시를 받고 그날, 그 시각, 을지로에 있었다고 했다. 유치장에서 같이 밤을 보냈던 그 대학생을 우연히 부산에서 다시 만난 것이다.

다시 3년이 흘렀다. 옥살이를 마치고 나와 조직에 복귀했다. 사노맹가족대책위원회를 자주 방문하던 때였다. 가대위 사노맹가족대책위원회 간사가 며칠 전 출소한 분이 오늘 가대위를 방문하는데 같이 만나자고 해서 기다리고 있었다. 문이 열리며 출소자가 들어서는 순간 나는 깜짝 놀랐다. 7년 전 유치장에서 만났던 농부(?)였다. 그분도 나를 기억하고 있었다. 그분은 당시 서울지하철노조로 활동 공간을 이전한 상태였고 조직의 지시를 받고 그날, 그 시각, 을지로에 있었다고 했다. 당시 세 사람 모두 경찰과 서로에게 쇼를 했던 것이다.

그 후 20여 년간 우리는 만나지 못했다. 하지만 언제, 어디선가 다시 만나게 되리라. 오늘은 거리에서 어떤 미래의 인연과 마주치게 될까?

보급 투쟁 거절과
신혼집의 추억

———— 1992년 감옥에서 출소한 후 곧바로 활동을 재개했다. 조직의 결정으로 백기완 민중후보 선거운동본부 대변인실에 파견됐다가, 선거가 끝난 뒤에는 사회당추진위에서 상근자로 일했다. 봉천역 주변 사무실에서 20여 명과 함께 일했다. 당시 잠자리가 마땅치 않아 사무실에서 숙식을 해결할 때가 많았다. 감옥 가기 전과 생활이 크게 달라진 게 없었다. 결혼을 서둔 이유 중 하나가 숙식과 안정적인 생활이었다.

출소 몇 달 뒤, 만난 지 100일 만에 감옥에 간 나를 정성으로 옥바라지를 했던 애인과 93년 봄으로 결혼 날짜를 잡았다. 사무실 가까운 곳에 방을 얻으려고 여러 날 발품을 팔았지만 여의치 않았다. 턱없이 부족한 돈이 문제였다. 부모님이 1000만원을 구해줬지만 주변을 며칠째 뒤져도 방을 찾기 어려웠다. 상근비 개념이 없던 때라 수입이 없으니 월세방은 꿈도 꿀 수 없었다. 신림역과 난곡 중간에 있는 남서울중학교 부근을 뒤지다 기적처럼 마음에 드는 반지하 방을 찾았다. 중개업자는 당일 나온 방인데 주인이 몇 년째 보증금을 올리지 않아 그 가격에 쉽게 구할 수 없으니 계약을 서두르라고 했다. 300만원이 부족했다. 당시 내 능력으로는 해결할 수 없는 거금이었다. 염치 불고하고 고향에 연락을 했고, 준비해서 보내주겠다는 부모님의 대답을 들었을 땐 세상을 다 얻은 것처럼 기뻤다.

잔금을 치르기로 한 날이 다가오고 있었다. 조직의 윗선에서 만나자는 연락이 왔다. 우려했던 일이 현실로 닥쳤다. 조직은 보급 투쟁을 제안했다. 300만원만 남기고 나머지는 조직에 낼 의향이 없느냐고 물었다. 결혼을 핑계로 양가에서 구한 돈을 조직 활동비로 쓰는 건 당시엔 흔한 일이었다. 그걸 우리는 신혼비 작전이라 불렀다. 하루만 생각할 시간을 달라고 얘기하고 헤어졌다.

밤새 끙끙 앓았다. 1000만원에도 구하기 힘든 방을 300만원으로 어떻게 구할 것이며, 양가 부모님에겐 뭐라 말할 것인가? 월세는 또 어찌 감당할지 등 별의별 생각이 다 스쳐지나갔다. 다음 날 오후에 다시 윗선을 만났다. 어렵게 속마음을 말했다. 안정적인 활동을 위한 최소 조건이기에 미안하지만 따를 수 없다고…….

사무실로 돌아오는 길에 골목에 주저앉아 자책하며 울었다. 다시 감옥에 갈 순 있어도 차마 그것만은 따를 수 없었다. 혼자라면 모를까. 결혼 후에도 주거가 불안정한 생활을 할 수는 없었다.

지금 스물 한 살인 딸을 볕이 안 들어 낮에도 불을 켜고 생활해야 했던 그 방에서 길렀다. 몇 년 후 우리가 상계동으로 이사할 때 이번에는 내 동생이 결혼하면서 그 방에 살림을 차렸다. 동생은 그곳에서 조카 둘을 낳고 길렀다. 교감으로 정년퇴직한 집주인이 신혼부부가 무슨 돈이 있으며, 이사 갈 때 되돌려줄 돈만 많아진다고 나와 동생이 사는 내내 보증금을 올리지 않았다. 참 고마운 주인이었다.

오늘 외근 중 근처에 갈 일이 있어 옛 집을 둘러봤다. 집도 그 방도 그대로였다. 지금도 가난한 신혼부부가 그 방에서 아이를 기르며 살지 않을까? 슬프고 기쁜 일들이 스치고 지나간다.

노조 상근자
제안을 받다

———————— 대리 : 전에 뭐 하셨어요?

나 : 누구시죠? 왜 그러시는데요?

대리 : 정보기관에서 이은탁 씨 출근하느냐는 연락이 왔습니다.

나 : 그랬나요? 감옥에서 나온 지 얼마 안 됐습니다. 밥벌이하러 왔습니다.

대리 : 노조에서 상근자를 찾고 있는데 같이 일해 보지 않으실래요?

나 : 고맙습니다만 지금 단체에서 상근자로 일하고 있습니다. 나중에 기회가 닿으면…….

대리 : 식사 같이 하실래요?

그와, 처음 만나 나눈 대화였다. 93년 민정련민중정치연합에서 땡전 한 푼 못 받고 상근자로 일했다. 민정련은 상근자에게 최소 활동비조차 지급할 수 없을 만큼 재정 상태가 열악했다. 상근자들도 그걸 당연하게 받아들이던 시절이었다. 수배 생활이나 비합법 활동을 하는 것도 아니어서 예전처럼 보투보급 투쟁에 의존할 수 없는지라 생계비는 스스로 해결해야만 했다. 몇몇 상근자들이 차비와

밥값이라도 해결해 보자고 의기투합해 보험모집인 시험을 준비했다. 오전에 잠깐 보험사에 들러 출근부에 도장만 찍으면 3개월은 실적이 전혀 없더라도 활동 보조금으로 20만원을 지급한다는 말에 혹했던 것이다. 차비가 없어 걸어서 출퇴근하던 내게 20만원은 어마어마한 거금이었다.

네 명이 보험설계사 시험을 준비했는데 모두 한 번에 통과했다. 을지로입구에 있는 LG화재로 출근(?)한 지 며칠 안 돼 그가 찾아왔다. 밥을 먹는 내내 말을 아끼던 그가 자리에서 일어서기 전 자신을 인사팀 대리라고 소개했다. 그가 몇 차례 더 찾아와 노동조합 상근자 제안을 했지만 정중히 거절했다. 종종 함께 술을 마시며 향후 활동에 대한 얘기를 나눴다. 그는 나에게 신혼여행보험도 들어주고, 주변 사람을 소개해줘 몇 건의 보험을 계약하기도 했다. 실적 없이도 20만원을 받던 3개월은 순식간에 흘러갔고 활동 보조금도 끊겼다. 그 후 제법 오랜 기간 보험 상품 안내서를 가방에 넣고 다녔지만 실적은 거의 없었다.

그로부터 7년이 흘렀다. 2000년 1월, '민주노동당 노원·도봉지구당'을 만들기 위한 준비 모임에 참석하려고 노원구 하계동에 있는 을지병원 노조 사무실에 들렀다. 10여 명이 모여 자기소개를 하는데 낯익은 얼굴이 보였다. 7년 전 보험 모집인으로 출근(?)할 때 찾아왔던 바로 그였다. 그도 나를 기억하고 있었다. 같이 일해 보자던 7년 전 그의 제안과 나중에 기회가 닿으면 보자던 내 대답이 모두 이뤄지는 순간이었다.

그는 지금도 20년 전 그때처럼 열정적으로 활동하고 있다. 종종 데모하면서 만나면 웃으며 인사를 나눈다. 비록 정치적 입장이 달라 2008년 민주노동당이 분당될 때 헤어졌지만 다시 7년 후쯤이면 같은 진보정당에서 만나게 될지도 모를 일이다.

어젯밤 우연히 꺼낸 책 속에서 2000년 1월 22일 '민주노동당 노원·도봉지부 결성식'을 알리는 빛바랜 '초대장'을 발견했다. 몇몇 순간이 주마등처럼 스쳤다. 그도 스쳐 지나갔다.

국가가 왜
내 허리 아래에 관심을?

──────── 나는 결혼식 비디오가 없다. 촬영은 했으나 끝내 볼 기회를 갖지 못했다. 20여 년이 흐른 뒤 영화 <프락치>를 제작한 황철민 감독으로부터 페이스북 댓글을 통해 내 결혼식 비디오에 관한 얘기를 들었다. 내 결혼식 비디오는 지금도 국정원 구 안기부 창고 구석 어딘가에 처박혀 있을지 모른다. 그 비디오를 촬영한 사람은 안기부 프락치 백흥룡 가명 배인오 이었다. 그는 94년 10월 독일에서 양심선언을 하고 북으로 망명했다. 백흥룡이 독일에 머물 때 황철민 감독은 나도 못 본 내 결혼식 비디오를 봤다고 했다.

감옥에서 나온 얼마 후 홍익대 근처에 있던 '사노맹가족대책위위원회' 사무실에서 배인오를 처음 만났다. 사노맹가족대책위와 '남누리영상'이 공간을 함께 쓰고 있었다. '가대위'가 사무실을 구하고 있다는 소식을 들은 '남누리' 대표 배인오가 연락해 월세를 공동 부담하자고 제안했다고 한다. 그는 영화 <이름 없는 영웅들>을 제작했고 전태일 관련 영화를 준비하고 있다고 자신을 소개했다. 백기완 선거운동본부로 출근하면서 지척에 있는 가대위 사노맹가족대책위원회 사무실을 뻔질나게 드나들었다. 가대위 실무자들이 배인오의 정체가 모호하니 조심하라고 했지만 크게 의심 살 일을 하지 않아서 애써 피하진 않았다.

93년 5월, 결혼 날짜가 잡혔고 난 비용을 줄이려고 발품을 팔고 있었다. 그때 배인오가 선뜻 결혼 선물로 비디오를 촬영해 주겠노라고 했다. 결혼식 당일, 야외 촬영에서부터 뒤풀이까지 카메라와 비디오가 그의 손에서 떠나지 않았다. 신혼여행을 다녀와서 비디오를 찾으러 사무실에 몇 차례 들렀지만 배인오의 행방을 찾을 수 없었다. 여름이 돼서도 아직 편집을 마치지 못했다는 말을 전해 들었을 뿐이었다. 연락이 점점 어려워지더니 93년 9월초엔 아예 자취를 감춰 버렸다. 94년 10월 독일 베를린에 나타난 배인오는 본인이 안기부 프락치였음을 고백하고 96년 북한으로 망명했다.

결혼하면서 신림동 반지하 단칸방에 살림을 차렸다. 진보정당 만들겠다고 사회당추진위 이후 민중정치연합으로 명칭이 바뀌었다. 에서 상근하고 있을 때였다. 집 근처에 비디오 대여점이 있었다. 1만원을 선납하면 비디오 열두 편을 빌릴 수 있었다. 퇴근길에 비디오 대여점에서 작품을 고르는 게 당시 내 유일한 취미 생활이었다. 액션 영화는 대충 골라도 에로 영화만큼은 꼼꼼하게 작품성(?)을 따져 선택했다. 비디오 대여점 주인은 젊은 부부였다. 아저씨가 있을 땐 덜 어색했는데 새댁이 있으면 뒤통수가 따가워 작품 고르는 데 집중이 안 됐다. 하루는 새댁이 조심스럽게 말을 건넸다.

"이런 말씀 드려도 될지 모르겠는데, 가끔 누가 와서 아저씨가 뭘 빌리는지 확인하는 사람이 있어요. 아무래도 국가기관에서 나온 사람 같던데……"

　누군가 집주변을 살핀다는 건 슈퍼마켓 주인에게 들어 눈치 채고 있었지만 국가가 내 에로물 취향까지 궁금해 할 줄은 몰랐다. 국가가 왜 내 허리 아래 반응 정도를 체크하려 했을까? 에로 영화의 전설 <젖소부인 바람났네>를 보는 게 죄가 되는 것도 아니었는데……. <자라부인 뒤집혔네>, <꽈배기부인 몸 풀렸네>, <김밥부인 옆구리 터졌네>, <만두부인 속 터졌네>까지 보는지 확인하고 싶어서였을까? 국가가 도대체 왜 내 허리 아래에 관심을?

문익환 목사님
죄송합니다!

———————— 87년 7월 9일 이한열 열사 1987년 6월 9일, 연세대 학내 시위 도중 경찰
이 직격으로 쏜 SY44 최루탄에 머리를 맞고 사경을 헤매다 7월 5일 사망했다. 장례식이 연세대
에서 열렸다. 전날 26개월 만에 형집행정지로 출소한 문익환 목사가 연단에 올
랐다. 한동안 말없이 있던 문 목사가 입술을 깨물며 입을 열었다. 장례식장은 눈
물바다로 변했다. 목사님은 독재 정권 치하에서 스러져간 열사의 이름을 한 명
씩 호명했다. 연단 바로 앞에 앉아 있던 난 고개를 들지 못한 채 목사님이 호명
하는 열사의 이름을 땅 바닥에 적었다.

"전태일 열사여, 김상진 열사여, 장준하 열사여, 김태훈 열사여, 황정하 열사
여, 김의기 열사여, 김세진 열사여, 이재호 열사여, 이동수 열사여, 김경숙 열사
여…… 송광영 열사여, 박영진 열사여, 광주 2천여 영령이여……김종태 열사여,
박혜정 열사여, 표정두 열사여, 황보영국 열사여, 박종만 열사여, 박종철 열사
여……이한열 열사여!"

문익환 목사는 이한열 열사를 마지막으로 호명하고 더 이상 말을 잇지 못했
다. 당신이 쓸 수 있는 힘을 다 쏟아 부었기 때문이었다. 26명의 열사를 호명하

는 것이 조사의 전부였다. '가슴이 전하는 말'이 무엇인지 비로소 알게 된 날이었다. 며칠 후, 동국대에서 열린 집회에서 문익환 목사는 이한열 열사 장례식에서 빠뜨린 열사들의 이름을 마저 불렀다.

마틴 루터 킹 목사의 'I have a dream'을 역사상 최고의 대중 연설로 꼽는 사람들이 많다. 내겐 1987년 7월 9일 문익환 목사의 조사가 가장 슬프면서도 아름다운 감동을 전한 연설이었다. 늦봄 문익환 목사는 당신이 절규하듯 불렀던 열사들 곁에 마석 모란공원 잠들었다.

한때 문익환 목사가 미웠다. 87년 6월항쟁이 끝나고 치른 대통령 선거에서 민중의 독자 정치 세력화를 주장하는 민중 후보가 출마했으나 문 목사는 김대중 후보 지지를 선언했다. 특히나 그의 유세에 동행했을 땐 정말 미웠다. 무수히 많은 집회에서 문 목사를 보게 되니 그때마다 미칠 지경이었다. 때론 야유를 보내고 욕도 했다. 그러다 징역살이를 하면서 생각이 조금씩 바뀌기 시작했다. 문익환 목사만큼 이 땅의 소외되고 가난한 인민을 사랑하고 분단의 고통에 저항한 투사가 또 있을까? 비록 선택한 전술에 차이가 있다지만 그는 민주주의와 통일 운동에 온몸을 던진 분이었다. 평생 여섯 차례 투옥되었고 10여 년을 감옥에서 보냈다. 문 목사님의 삶은 존경받아 마땅했다. 서서히 미움이 가셨다.

내가 출소한 지 1년쯤 뒤 문익환 목사님이 갑자기 세상을 뜨셨다. 94년 1월, 마지막 가는 목사님에게 인사를 드리려고 노제가 열리는 대학로에 갔다. 먼발치에서 배웅만 하는 게 죄송해 자청해서 만장을 들었다. 망우리까지 행진하면서 문 목사님에게 말을 건넸다.

"죄송합니다. 사랑합니다."

안기부 프락치와
내 결혼식 비디오

———————— 92년 12월, 조직의 결정에 따라 백기완 선거운동본부에서 일을 시작했다. 선거운동본부 사무실이 사노맹가족대책위원회 가대위 와 가까운 곳이었다. 가대위는 다세대주택 1층 주거용 방을 남누리영상과 함께 쓰고 있었다. 남누리영상의 대표 배인오는 전태일 관련 영화를 준비하고 있다고 했다. 가대위 실무자들이 그의 정체가 의심스러우니 조심하라고 일렀지만 크게 의심 살 일을 하지는 않았다. 도청을 우려해 중요한 회의는 대부분 밖에서 했기 때문에 크게 걱정할 일도 없었다. 다만, 전태일 영화가 진척이 안 된다는 점이 좀 미심쩍었다. 생계를 어떻게 꾸리는지도 궁금했다.

93년 5월, 배인오는 내 결혼식 때 비디오를 촬영해줬다. 야외 촬영, 결혼식, 뒤풀이까지 카메라와 비디오가 그의 손에서 떠나지 않았다. 신혼여행 후 사무실에 몇 차례 들렀지만 배인오의 행방이 묘연했다. 편집을 마치지 못했다는 말을 초여름이 돼서야 들을 수 있었다. 그후 점점 만나기 어려워지더니 9월 초엔 자취를 감춰 버렸다.

93년 9월, 남매간첩단 사건이 터졌다. 김삼석 씨와 여동생 김은주 씨가 간첩 혐의로 구속된 것이다. 민변과 인권 단체가 여러 정황과 증거를 대며 안기부의 조작이라고 주장했지만 법정에서 받아들여지지 않았다. 남매간첩단 사건이 터지기 직전 종적을 감췄던 배인오가 김삼석, 김은주 씨의 변호사 입을 통해 세상에 다시 등장했다. 변호사와 인권 단체가 배인오의 프락치 가능성을 제기한 것이다.

김삼석, 김은주 씨에 대한 대법원 확정 판결 이틀 후인 94년 가을 배인오가 다시 언론에 등장했다. 독일 베를린에서 기자 회견을 열어 자신이 안기부 프락치라고 고백했다. 기자 회견 자리에서 그가 찍은 비디오 안기부 직원과 대화하는 장면를 증거 자료로 공개했다. 백홍룡. 그의 본명이 세상에 알려지는 순간이었다.

배인오는 92년 영화 <이름 없는 영웅들> 관련으로 안기부 조사를 받는 과정에서 프락치로 포섭됐다. 93년 문민정부 출범 이후 국회에서 예산 문제와 수사권 폐지 등 안기부 권한 축소를 제기하기 시작했다. 이 문제로 정국이 시끄러워지자 위기를 느낀 안기부가 자신의 존재를 드러내기 위해 배인오를 동원해 남매간첩단 사건을 조작하여 터뜨렸다. 안기부는 정기국회가 시작되는 9월이 가기 전에 간첩 사건을 만들어야 한다고 지시했고, 배인오는 그 지시를 충실하게 따랐다.

사건 당시 김삼석 씨는 반핵평화운동연합 정책실 연구원, 태평양전쟁희생자유족회 사무장, 범민족대회추진본부 일본문제대책위원회 간사로 일하고 있었다. 동생 김은주 씨는 백화점 직원이었다. 안기부의 지시에 따라 남매에게 접근한 배인오는 나에게 했던 것처럼 김삼석 씨의 결혼식 비디오를 찍어주기도 했다. 안기부는 배인오를 시켜 남매에게 북한 자료를 주는 척하게 해서 함정 수사를 벌였다. 자료를 건네는 현장에서 김은주 씨를 연행해 남매간첩단 사건으로 조작한 것이다.

사건 직후 배인오는 잠적했다. 안기부의 도움으로 도피 생활을 하던 그는 스스로 안기부 직원과 대화하는 장면을 몰래 찍기도 했다. 1년 후인 94년 배인오가 독일 베를린에 나타났다. 그는 베를린 범청학련 조국통일범민족청년학생연합. 남한과 북한, 해외 청년 조직이 연합해 1992년 8월 15일 결성한 통일운동단체 본부에 나타나 북으로 망명할 테니 도와달라면서 짐을 맡겼다. 이상하게 여긴 김정수 씨 1987년도에 내가 다니던 대학의 총학생회 간부였다. 임수경 씨에 이어 91년에 전대협 대표로 방북했다 입국하지 못하고 베를린에 머물던 박성희 씨와 결혼했다. 가 가방에서 안기부 직원과 대화하는 장면이 찍힌 문제의 비디오를 발견했다.

독일로 날아간 이덕우 변호사와 김정수 씨가 배인오를 설득했다. 그는 94년 10월 독일양심수위원회와 녹색당의 도움을 받아 자신이 남매간첩단 사건과 관련해 안기부 사주로 활동한 프락치임을 고백했다. 분단 시대의 희생자 배인호는 독일에 머물다 96년 북으로 망명했다. 김삼석 씨와 김은주 씨는 98년에 사면 복권됐다.

김삼석 씨 비디오처럼 배인오에게 내 결혼식 비디오를 찍게 한 것도 안기부였다. 배인오는 그걸 안기부에 전했다. 하객으로 온 동지들의 모습이 다 담겼을 테니 안기부는 동지들의 동향 파악 자료로 비디오를 활용했을 것이다. 난 결혼식 비디오를 보지 못했지만 연행된 동지들은 남산 안기부에서 조사받을 때 조사관이 틀어준 비디오를 봤다고 했다. 영상에 등장하는 동지들의 모습을 보며 울고 웃었다는 애기를 출소 후에 하곤 했다. 그 결혼식 비디오가 지금 안기부 현 국정원 창고 구석 어딘가에 처박혀 있을지도 모른다. 지금이라도 돌려 달라고 해볼까?

내 생애 두 번째 이름,
질풍노도

———————— 최근 직장일로 모처에서 설명회를 하고 자리를 뜨는데 한 사람이 다가왔다.

"혹시 민재 씨 아녜요?"

"네. 맞는데요."

곁에 있던 동료들이 이상한 표정으로 나를 훑어봤다. 데모하면서 만났던 이들 중 여전히 가명을 내 본명으로 알고 있는 이들이 많다. 또 인터넷에서 10년 이상 '질풍노도'란 닉네임을 썼기에 그것만 기억하는 이들도 상당수다.

1999년, 서울 노원구·도봉구에 민주노동당 지구당을 만들기 위해 지역 주민과 함께할 수 있는 게 뭘까 고민하다 조기 축구팀을 만들었다. 축구팀 이름을 노원구·도봉구에서 첫 글자를 따서 '노도', 진보정당의 바람을 일으키자는 열망을 담아 '질풍'을 넣어 '질풍노도'로 정했다. 그러다 이름 제안자이기도 했거니와 인터넷을 통해 조금이라도 축구팀을 알리고 싶은 마음에 질풍노도를 내 온라인 필명으로 사용하기 시작했다.

홈구장이 없어서 유랑 생활을 했다. 타 팀과 시합할 땐 해프닝도 많았다. 당원 열한 명으로 시작한 터라 한 명이라도 빠지는 날엔 시합을 할 수 없었다. 타팀에서 선수를 빌리거나, 현장에서 선수를 조달하느라 바빴다. 주로 운동장에서 구경하는 사람을 데려다 인원을 채우곤 했다. 차츰 회원이 늘면서 선수 조달하는 수고는 덜 수 있었다. 나중에는 비당원 비율이 더 높을 만큼 회원이 늘었다. 창단 멤버들이 당원이었고 또 성실해서, 유니폼에 찍힌 '민주노동당'을 비당원 회원들이 자연스럽게 받아들였다. 우여곡절도 있었다. 매년 정기 총회 때 당명을 빼자는 회칙 개정안이 올라왔지만 비당원 회원들이 나서서 부결시키곤 했다. 축구팀의 역사와 정체성에서 민주노동당을 뺄 수 없다는 분위기가 형성됐기 때문이었다.

2002년 가을엔 <오마이뉴스>가 주관한 전국 대회에 민주노동당 대표로 참가했다. 동대문운동장에서 번외로 열린 개막 축하 경기에서 정몽준, 임종석, 김홍국 등이 팀을 이룬 국회의원팀과 겨뤘다. 그해 경남 진해 국가대표팀 훈련장에서 치른 본선에서 4강까지 오르기도 했다. 준결승에서 부산 전교조에 2:1로 져 4강에서 탈락했다. 우리를 물리친 부산 전교조가 그해 우승컵을 안았다.

노원구·도봉구 주민들이 '질풍노도' 하면 민주노동당을 떠올릴 만큼 축구를 통해 당을 알리는데 성공했다. 창단 초기엔 타 팀 선수들이 민주노동당을 몰라 '질풍노동당'으로 부르기도 했다. 2007년 이사를 하면서 나는 팀에서 빠졌다.

2008년 민주노동당 분당 당시 난 진보신당을 선택했다. 노원구에서 두 차례 국회의원으로 출마했던 민주노동당 지역위원장이 몇 달 뒤 전화를 걸어 내게 닉네임을 양보할 수 없느냐고 물었다. 내가 온라인에서 진보신당 당원으로 활동하고 있으니 질풍노도축구팀이 진보신당 소속으로 오해받을 수 있다는 이유에서였다. 진보신당 홈페이지에 누군가 닉네임을 질풍노도로 등록할까봐 서두르기까지 했기에 양보할 수 없었다.

질풍노도는 내가 온라인 활동을 시작한 이래 단 한번도 바꾼 적이 없을 만큼 정든 닉네임이다. 어찌 보면 태어나 두 번째로 얻은 이름인 셈이다. 50대, 60대에도 이 닉네임처럼 이팔청춘 질풍노도로 살고 싶다. 질풍노도축구팀은 지금도 이름을 유지하며 노원구에서 공을 차고 있다. 단장은 2012년 대선 때 문재인 캠프에 합류했다. 민주노동당, 진보신당, 통합진보당도 사라졌지만, 질풍노도축구팀만은 100년 이상 가는 조기 축구팀으로 남기를 바란다.

철도 파업 철회,
나는 우울했다

──────── 12년 전, 초여름 어느 날이었다. 아침 신문 기사 두 개가 내 마음을 뒤흔들어 놓았다. 철도 파업 철회 2003년 6월를 알리는 기사의 사진에서 눈을 뗄 수가 없었다. 고개를 떨군 채 눈물짓는 노동자, 빗속에서 철길을 따라 현장으로 복귀하는 노동자의 모습을 보는 순간 복잡한 감정이 가슴을 후볐다.

노무현 정권은 파업 기간에 발생한 영업 손실 책임을 노조, 노조 간부, 보증인에게 물어 손해배상을 청구하고, 위원장과 간부 등 6백30명을 직위 해제하겠다고 했다. 업무 복귀 명령을 따르지 않은 조합원 8천5백 명도 징계 절차를 밟을 계획이라고 엄포를 놓았다.

어거스트 스파이스 August Spies. 1855~1887. 1886년 5월 시카고총파업을 이끈 독일 이주 노동자이자 노동운동가. 8시간 노동제 쟁취와 경찰의 유혈 탄압에 항거하다 형장의 이슬로 사라졌다. 그가 이끈 시카고총파업은 25만 명이 참여한 가운데 1886년 5월 1일 시작되었다. 그의 투쟁은 메이데이의 기원이 됐다.의 최후 법정 진술이 생각났다.

"만약 그대가 우리를 처형함으로써 노동운동을 쓸어 없앨 수 있다고 생각한다면, 그렇다면 우리의 목을 가져가라. 가난과 불행과 힘겨운 노동으로 짓밟히고 있는 수백만 노동자의 운동을 없애겠단 말인가. 그렇다. 당신은 하나의 불꽃을 짓밟아 버릴 수 있다. 그러나 당신 앞에서, 뒤에서, 사면팔방에서 끊일 줄 모르는 불꽃은 들불처럼 타오르고 있다. 그렇다. 그것은 들불이다. 당신이라도 이들불을 끌 수 없으리라."

오늘 철도 노동자의 후퇴를 패배라 부르지 말자. 짓밟힐수록 더 단단해져 일어서는 들풀의 생명력을 믿자. 노동자에게 순간의 물러섬은 있어도 패배는 없음을 우린 113년 전 한 노동자의 외침을 통해 알고 있다.

'그래, 밟을 테면 밟아라. 철저히 짓밟아봐라.'

철도 노동자들의 소리 없는 절규가 환청이 되어 귓속을 맴돌았다.

나를 흔든 또 다른 기사는 문성근, 명계남이 '노사모' 노무현을 사랑하는 사람들의 모임를 나와 만든 노무현 인터넷 지원군 '국민의 힘'과 관련된 것이었다. 국민의 힘이 '국회의원 정보 공개 운동'을 선언하며 여야 정치인에게 질의서를 보냈다는 소식이 실려 있었다. 내용의 옳고 그름을 떠나 모임의 목표 노무현 지지 에 맞는 일을 수행하는 데 주저함이 없는 그들의 적극성이 눈에 띄었다.

언론은 철도노조의 파업 철회 이유를 '정부의 압박과 여론 악화'로 들고 있다. 노무현 정권의 반노동자성을 다시금 언급할 필요는 없을 것이다. 문제는 '여론 악화'다. 조중동을 비롯 한겨레, 오마이뉴스까지 가세한 상황에서 철도노조는 지원군 없이 외롭게 '나 홀로 전투'를 치러야만 했다. 더구나 노무현 정권은 이전 정권에서는 볼 수 없었던, 막강 화력을 지닌 인터넷 사단을 거느리고 있었다. '노무현 일병 구하기'에 제 한 몸 던지는 '황색 개미군단'의 공세가 인터넷 여론 형성의 한 축을 차지했다. 철도 파업 기간에 언론, 철도노조, 유관 단체 홈페이지에 한 번이라도 접속해 본 사람이라면 충분히 공감할 수 있을 것이다.

　그날은 하루 종일 우울했다. '민지네' 민주노동당을 지지하는 네티즌 모임 에서 활동하는 나를 되돌아보았다. 민지네는 '인터넷을 통해 진보적 삶을 공유하고 그 생각을 널리 전하고자 노력하는 사람들'이 모인 온라인 공동체였다. 하지만 그날은 민지네에서 활동한다고 말하기가 부끄러웠다. 필요로 하는 곳에, 필요로 하는 시간에 그 자리를 지키지 못했다는 죄책감이 앞섰기 때문이다. 철도 노동자의 절규가 언론, 권력, 인터넷의 융단 폭격에 무참히 짓밟히고 있을 때, 나는 그 시간, 그 자리에 없었다. 내 집 민지네 과 내 가족 민지네 회원 에게 관심이 쏠려 눈 부릅뜨고 밖을 쳐다보지 못했다. 내가 철도 파업 철회를 보며 책임감을 느낀 이유이다.

　민지네의 '존재'만으로는 민주노동당과 진보 진영에 힘이 되기 어렵다는 걸 그때 깨달았다. 힘이 되기 위해서는 우리가 움직여야 한다. 그 '움직임'은 손가락, 시간, 돈, 몸을 통해서만 이뤄질 수 있음을 뼈아프게 깨달았다. 민주노동당 홈페이지 습격, 국회 홈페이지 1차, 2차 습격 온라인 점거 농성, 전쟁과 파병 반대를 위한 서명과 지지의 글 남기기, 임영신 2013년 이라크 파병 반대에 앞장 선 평화운동가. 현재는 공정여행 운동을 하고 있다. 씨 개인 홈페이지 사수 투쟁 등 민지네가 벌였던 몇 가지 온라인 실천이 머릿속을 스쳐지나갔다.

온라인 실천의 중요성을 새삼 느낀다. 계란으로 바위치기라고 비웃더라도, 찻잔 속의 태풍으로 끝날지라도, 초라한 소총수로 혼자 남더라도, 무참히 깨지고 짓밟히더라도, 내가 있어야 할 곳에, 있어야 할 시간에 당당하게 자리를 지키고 싶다. 진보 진영을 향해 펼쳐지는 공격을 넋 놓고 흘러보내지 않을 것이다. 손가락을 단련시킬 것이다. 그리고 달려갈 것이다.

재소자에게
운동을 허하라

———————— 점심 먹고 사무실로 돌아오다 공원에서 웃옷을 벗어던진 채 땀을 뻘뻘 흘리며 공을 차는 학생들을 보고 빙그레 웃었다. 사무실 의자에 앉아 잠시 '운동할 권리'를 빼앗긴 사람들을 생각한다.

감옥에 갇힌 사람에게 두 가지 즐거움마저 없다면 살아도 사는 게 아닐 것이다. 재소자가 면회와 운동 시간을 얼마나 애타게 기다리는지 갇혀 보지 않은 사람은 상상도 할 수 없을 것이다. 교도소 측이 재소자의 정당한 요구를 제압할 때 접견 금지와 운동 금지를 무기로 사용한다는 걸 생각하면 대략 짐작할 수 있을 것이다. 사람마다 다르겠지만 두 가지 중 하나를 선택하라면 난 당연히 운동을 택했을 것이다. 재소자에게 면회와 운동이 겹치는 것만큼 당혹스러운 일도 없다.

높은 담장으로 둘러싸여 시야는 가렸을지라도 채 한 평도 안 되는 공간에 갇혀 사는 재소자에게 운동장은 늘 동경의 대상이다. 영혼의 일부를 악마에게 팔아서라도 자유롭게 운동장을 드나들 수만 있다면 그렇게 하겠다는 재소자가 많을 것이다. 폭염에도, 장맛비에도, 태풍에도, 폭설이 내려도 운동장이 좋았다. 한

겨울 칼바람도 문제가 되지 않았다. 사방이 꽉 막힌 감방을 벗어날 수만 있다면 기상 이변도 참을 수 있었다. 운동 시간은 하늘을 마음껏 볼 수 있는 유일한 기회였다. 햇살, 비, 눈, 바람을 피부로 느낄 수 있는 시간이었다. 화장실 위로 난 작은 철창을 통해 사시사철 같은 곳만 바라보던 재소자에게 운동장은 해방구였다. 운동하러 가기 위해 방문을 나서는 순간은 마치 출소를 하는 기분이었다. 방문이 열릴 때, 그리고 겹겹이 설치된 철문이 열릴 때 내는 끼이익 소리는 경쾌한 팡파르였다. 운동장으로 나가기 위해 복도를 걸을 때면 담장 밖 세상을 향해 걷는 것인 양 발걸음이 가벼워졌다.

운동장은 엄마 품처럼 포근했다. 철문을 벗어나 운동장에 발을 내딛는 순간마다 매번 손으로 흙을 만져 체취를 느꼈다. 운동장은, 무슨 일이 있어도 항상 같은 자리에서 두 팔 벌려 자식을 따뜻하게 맞이하는 엄마의 모습이었다. 뛰고, 넘어지고, 뒹굴고, 드러눕고, 소리를 질러도 웃으며 묵묵히 지켜보는 엄마였다. 운동을 마치고 돌아설 때마다 '내일 만나자'고 운동장에 인사를 건넸다.

2004년 7월, 법무부는 재소자의 '운동할 권리'를 박탈했다. 주5일제 시행 이후 재소자들은 격주로 토요일 운동을 못하고 있다. 30분의 짧은 해방감마저 빼앗겨 버린 것이다. 금요일 운동을 마친 재소자가 다음 주 월요일 운동장에 나오기까지 한 달에 두세 번은 무려 72시간 동안 햇볕을 쬘 수 없게 된 것이다. 비인간적인 교도 행정의 표본이다. 개선되기를 간절히 바란다.

재소자도 사람이다!

군이 투입됐다

──────── 1989년 겨울, 조직의 핵심 간부들이 서울 공릉동 서울산업대 _현 서울과학기술대 에 모였다. 수배자와 비합법 조직 활동가 전국민주주의학생연맹 들이 많아 대규모 모임을 갖는 게 어려운 상황에서 매우 이례적인 일이었다. 보안이 최우선 과제였다. 회의 시작 전 비상사태 발생 시 대처법이 전달돼 알리바이, 조별 퇴로, 우선 보호 대상자, 문서 소각 등을 점검했다.

학교 주변, 교문, 학내 곳곳에 감시조를 배치했다. 감시조는 긴급 상황이 발생하면 삐삐로 알려야 해서 공중전화 부스 주변에 대기했다. 조직 노선과 투쟁 계획을 놓고 몇 시간째 논의하고 있는데 삐삐가 비상사태를 알렸다. 몇 사람이 사태를 좀 더 확실하게 파악해 보자고 했지만 머뭇거렸다간 조직을 통째로 날릴 수도 있는 형국이라 여유 부릴 시간이 없었다. 행동 수칙에 따라 움직이려는 순간 연락조 1명이 자전거를 타고 와서 알렸다.

"군용 트럭 2대가 방금 교문을 통과했습니다. 완전 무장한 군인들이 타고 있습니다."

아무리 공안합수부를 내세운 공안 통치 시절이라지만 군을 투입하리라곤 상상도 못한 일이었다. 잘못 본 게 아닌지 재차 물었지만 같은 답변이었다.

"우리도 무장해야 하는 것인가?"

평소 광주항쟁을 떠들며 내게 그런 상황이 닥친다면 주저 없이 총을 들겠다던 호기는 사라지고 두려움이 엄습했다. 학교를 벗어나는 게 우선이었다. 산을 타고 뛰기 시작했다. 내리막길인데도 발걸음이 무거웠다. 무사히 빠져나온 뒤 얼마 지나지 않아 연락이 왔다.

"드라마 촬영이었습니다."

산업대에 사적으로 지정된 옛 건물이 있어서 현대사를 소재로 한 드라마 촬영 장소로 종종 이용되곤 했는데, 마침 그날이 한국전쟁 장면을 찍는 날이었다.

평택에서 미군기지 확정 이전 반대 투쟁이 벌어지고 있던 2006년 5월 4일 새벽, 80년 광주항쟁 이후 처음 민간인 시위를 진압하기 위해 군이 투입됐다. 대추리 황새울에 방패와 곤봉으로 무장한 군이 등장했다. '여명의 황새울'이란 작전명으로 수도 군단 산하 사단과 700특공연대 소속 2개 연대 병력 2천8백 명이 수십 대의 헬기를 동원한 채 경찰 1만2천 명, 용역 깡패 6백 명과 함께 황새울에 나타났다.

대추리 들녘은 군홧발에 짓밟혔다. 헬리콥터, 트럭, 배를 동원해 대추리에 난입해 철조망을 치고 초소와 막사를 세워 군사보호시설로 점령해 버린 것이다. 민간인 524명이 연행됐고 방패에 찍히고 곤봉에 맞아 200여 명이 중경상을 입었다. 시위를 진압하기 위해 군을 투입한 일은 노무현 정권의 최대 실정 중 하나였다.

평택 대추리 사건과 이라크 파병 사태를 통해 난 노무현과 민주당은 결코 '평화'를 말할 자격이 없는 세력이라고 규정했다. 그 생각은 지금도 변함없다. 당시 사진을 볼 때마다 치가 떨리고 피가 거꾸로 솟는다. 군이 민간인을 밟고 양손을 뒤로 포박하는 장면. 어디서 많이 봤던 장면이라고? 80년 5월 광주가 아니다. 2006년 5월 평택 대추리다.

"오월 그날이 다시 오면 우리 가슴에 붉은 피 솟네."

'오월가'는 이제 80년 광주만을 추모하는 노래가 아니다. 2006년 5월 평택은 노무현, 군, 민주당이 짓밟았다. 2012년 대선에 출마한 문재인 후보는 이 문제에 대해서도 분명하게 대답해야 할 것이다.

빨갱이,
빨갱이새끼

──────── 어린 시절, 낯선 사람이 집을 기웃거릴 때마다 어머닌 당황해 어쩔 줄 몰라했다. 대문 밖에 까만 차만 보여도 어머니는 나와 동생을 숨기려는 듯 밖으로 나가지 못하게 했다. 집에 수시로 형사가 드나들던 때였다. 어느 날 낯선 사람이 둑방길에서 놀던 나와 동생을 불러 세우더니 사진을 찍었다. 일터에서 귀가하던 어머니가 그 모습을 보고 울부짖었다.

"애들이 무슨 죄가 있다고 그러세요?. 제발 애들한텐 그러지 마세요."

그때 내 나이 일곱 살 무렵이었다.

아버지가 양복을 꺼내 입으면 난 으레 누군가 결혼하는 줄 알았다. 어느 봄날, 결혼식 음식을 얻어먹을 요량으로 몰래 아버지의 뒤를 따랐다. 예식장까지 갔는데 설마 혼자서 돌아가라고 하진 않을 거라 생각했다. 아버지가 간 곳은 그러나, 예식장이 아니라 경찰서였다. 아버지가 주기적으로 경찰서에 가서 무언가를 보고한다는 사실을 그때 비로소 알게 됐다. 내 나이 10살 무렵이었다. 보호 관찰 대상자였던 아버지의 경찰서행은 80년대 중반까지 계속됐다.

전주에서 고등학교를 다닐 때였다. 내가 육군사관학교에 진학하겠다는 뜻을 비치자 며칠 뒤 어머니와 둘째 누나가 자취방으로 찾아왔다. 어머니는 말을 못 꺼내고 울기만 했다. 누나가 나섰다. 육군사관학교를 포기하라며 아버지의 과거에 대해 짤막하게 얘기해줬다. 아버지와 연좌제에 대해 처음 안 날이었다. 내 평생 그날처럼 서럽게 운 적이 없었다. 허리가 꺾이도록 엉엉 울면서 개 같은 세상을 가만두지 않겠노라고 벼르고 벼렸다. 내 나이 18살 때였다. 한 학년 아래인 동생이 이듬해 내게 해군사관학교에 진학하고 싶다는 뜻을 비쳤다. 이번엔 내가 동생을 말렸다. 동생도 눈물을 흘렸다.

내가 학생운동을 하다가 구속되었지만 아버지는 한 번도 면회를 오지 않았다. 만기 출소 한 달여를 앞둔 어느 날 연락도 없이 불쑥 진주교도소로 찾아왔다. 아버지는 세 가지를 물었다.

"배 안 고프냐? 잠은 자냐? 안 맞냐?"

아버지는 굶주리고, 못 자고, 매 맞으며 수감 생활을 했던 당신의 모습을 떠올리는 게 고통스러워서, 딱 당신 나이의 자식이 감옥에 갇혀 있는 현실을 받아들이기 힘들어서……, 차마 면회를 올 수 없었던 것이다. 내 나이 27살 때였다.

안기부에서 국정원으로 이름이 바뀌고 몇 년이 흘렀다. 아버지가 고향 계모임에서 어머니와 함께 중국으로 여행을 떠나게 됐다. 관광 회사에서 일하며 그 일을 처리하던 동생이 아버지는 여권 발급이 안 돼 출국이 힘들 것 같다는 국가 기관원의 말을 내게 전했다. 나는 국정원에 전화를 걸었다. "내가 어떤 새낀지 당신들도 잘 알고 있을 테니 괜히 문제 만들지 말고 잘 처리해 달라."고 부탁했다. 그때 아버지는 난생 처음 비행기를 탔다. 연좌제가 폐지됐다고는 하나 아버지는 50년이 지난 2000년대에도 신원 조회와 감시 대상자였던 것이다. 내 나이 30대 중반이었다.

　재작년 설에 딸의 손을 잡고 고향에 갔다. 뇌졸중으로 두 번이나 쓰러졌다 다시 일어난 아버지와 밤이 깊도록 얘길 나눴다. 아버지의 과거사는 우리 집안의 금기였다. 하지만 그날은 술기운을 빌려서라도 살아생전 아버지한테 직접 듣기로 작심하고 물었다. 귀가 좋지 않고 발음은 부정확했지만 기억은 또렷했다. 어머니가 나서서 대화를 중계했다.

　1950년 한국전쟁이 발발했을 때 아버지는 고등학교 2학년이었다. 아버지는 산과 들판 30리를 걸어서 통학하고 있었다. 그해 가을, 수업을 마치고 중고등학생 10여 명과 함께 귀가하다 산에서 어떤 할아버지를 만났다. 지금 국군과 빨치산이 전투 중이니 어서 피하라고 하더란다. 한달음에 정읍에서 순창군 쌍치면까지 피신한 아버지와 일행은 그때부터 빨치산으로 오인 받아 국군과 경찰에 쫓기는 처지가 되었다. 그러는 몇 달 사이 산에 숨어 있던 아버지의 일행은 뿔뿔이 흩어지고 말았다. 낮엔 산에서 지내고 밤에 민가로 내려가 구걸하며 견뎠다. 같이 생활하던 아버지 고모부의 아들이 병으로 죽자 아버지 손으로 야산에 묻었다. 그렇게 산에서 가을·겨울·봄·여름을 보낸 51년 가을, 아버지는 동료 한 명이랑 지리산 자락에서 국군의 추격에 쫓기다 붙잡혔다.

　광주포로수용소에 1년간 수감되어 있다가 전주형무소로 옮겨져 6개월 동안 재판을 받았다. 형이 확정돼 국가보안법 위반 경북 김천형무소로 이감되었고, 거기서 5년을 더 살다 58년 겨울에 석방됐다. 8년 만의 하교였다. 함께 붙잡힌 동료는 물론 하굣길에 산으로 같이 몸을 피했던 10여 명의 중고등학생 중 아버지를 제외하고 집으로 돌아온 사람은 단 한 명도 없었다.

옥살이의 가장 큰 고통은 배고픔이었다. 형무소에서 주는 보리밥 한 덩어리로는 허기를 채울 수 없어서 재소자끼리 '밥치기'순서를 정해 한 사람에게 밥을 몰아주는 일로 버텨야만 했다. 먹는 날보다 굶는 날이 더 많은 세월이었다. 찢어지게 가난했고 빨갱이 자식 면회 다닌다는 시선이 두려워 할아버지, 할머니는 한 번도 면회를 오지 않았다. 60년대 초반, 아버지의 손으로 야산에 묻은 고모부 아들의 시신을 찾기 위해 그곳을 다시 찾았으나, 이미 개간돼 시신을 찾을 수 없었다.

삼대가 함께 울었다. 딸아이는 내가 전주에서 허리가 꺾이게 울었던 그 나이에 자기 할아버지와 아빠가 감옥 생활을 했다는 사실을 처음 알았다. 딸은 흐느꼈고, 난 아버지의 손을 잡고 조용히 눈물지었다. 아버지는 이를 물고 눈물을 흘렸다.

몸집이 왜소한 아버지는 평생을 건설 공사장 미장으로 살며 할아버지, 할머니, 자식 다섯, 삼촌, 고모, 이모를 부양했다. 마치 가족 부양이 전생의 업보인 양 허리 한번 제대로 펴지 못한 채 1년 365일을 손에서 연장을 놓지 않았다. 분단의 역사가 준 상처를 당신 탓이려니 생각하고 입을 굳게 다문 채 숨죽이며 살아냈다.

빨갱이라고, 빨갱이새끼라고 제발, 함부로 지껄이지 마라. 이제 상처받을 나이는 지났지만 다스리지 못한 분노가 여전히 가슴 깊은 곳에서 활화산처럼 끓고 있다. 지금 이 시각에도 사상의 자유가 허락되지 않는 동토의 땅에서 국가보안법이라는 개에게 물려 평생을 빨갱이로, 빨갱이새끼로 낙인 찍혀 살아내야 하는 이들이 있다. 그런 명에를 쓴 사람들이 놀랍게도 지금도 생기고 있다. 태어나지 말았어야 할 국가보안법에 이젠 작별 인사를 할 때가 됐다. 아니 너무 늦었다. 그럼에도 현실은 여전히 암울하다.

한국전쟁 때 민간인 학살 단체였던 '서북청년단'의 뜻을 계승하고 재건하겠다는 사람들이 나타났다. 그들은 백주대낮에 광장을 활보하며 '빨갱이 사냥'을 '종북 척결'로 이름을 바꿔 외치고 있다. 이승만 정권은 독재 권력을 유지하려고 친일 세력을 규합해 그들 손에 '반공'이라는 무기를 쥐어줬다. 친일파를 화려하게 부활시킨 이승만 정권은 결국 4·19혁명으로 무너졌다. '반공'이라면 그 어떤 야만에도 면죄부를 준 박정희 정권도 끝내 무너졌다. 국회에서 "이 나라의 국시는 반공이 아니라 통일이어야 합니다."라고 발언했다고 체포해 의원직을 박탈한 전두환 정권은 또 어떤가? 역사는, 야만의 권력은 마침내 몰락한다는 진실을 우리에게 가르쳐주고 있다. 이제 야만은 역사의 관에 묻어야 한다.

굿바이, 국가보안법!

고향 후배
최덕수 열사

5월의 고요한 새벽에 먼저 간 고향 후배를 생각한다. 정읍 시내 한복판에 옛 군청이 있다. 박정희가 죽었을 때 난 그곳에서 향을 피우며 눈물을 흘렸다. 그 군청 오거리에 후배 최덕수의 넋을 기리는 아주 특별한 추모비가 있다.

그는 가정 형편이 어려워 대학을 휴학하고 공장에 다니고 있었다. 1988년 5월 18일, 광주항쟁 8돌 기념일에 최덕수는 그가 다니던 단국대 천안캠퍼스로 향했다. 전날 그는 교내에서 열린 광주 영령 추모식에서 광주항쟁 성명서를 낭독했었다. 오전 11시경 그는 굳은 표정으로 시계탑 앞에 섰다.

"광주는 살아있다. 끝까지 투쟁하자!"

그는 이렇게 외치며 몸에 불을 붙였다. 9일 뒤 많은 분신 열사들이 그랬듯이 서울 한강성심병원에서 숨을 거뒀다. 그가 병원에서 친구들에게 남긴 말은 "광주항쟁은 아직 끝나지 않았다. 광주를 잊어서는 안 된다."였다.

최덕수 열사는 그해 5월 30일 광주 망월동 5·18묘지에 묻혔다. "5월 30일 장례식과 노제를 마친 그의 운구 행렬이 모교인 전북 정읍 배영고를 거쳐 광주로 향했다. 이날 운구차엔 숭실대 학생 박래전이 타고 있었다. 그는 광주 망월동 묘역에 도착할 때까지 운구 손잡이를 놓지 않았다." −한겨레 '길을 찾아서'의 일부

최덕수 열사 운구 손잡이를 잡고 있던 숭실대 학생 박래전은 최덕수 열사의 장례를 치른 5일 뒤 학교에서 "광주는 살아있다. 군사 파쇼 타도하자."라고 외치며 분신해 최덕수 열사 곁으로 갔다.

그로부터 15년이 흐른 2003년, 정읍 시민들이 정성을 모아 옛 정읍군청 앞에 최덕수 열사 추모비를 세웠다. 한국 땅 그 어디에 도심 한복판에 열사의 이름을 붙인 광장이 있으며 추모제를 지자체가 준비하는 곳이 있을까? 고향 주민들이 고맙고 자랑스럽다. 올해 5월 18일에도 최덕수광장에서 시장, 시의회 의장, 모교 교장이 추모사를 했다. 정읍사국악단이 연주하는 가운데 추모제 최덕수 열사 정신 계승 정읍시민문화제 가 숙연하게 열렸다.

열사는 산 자들의 기억 속에서 영원히 산다고 했다. 녹두장군 정봉준의 후예가 사는 정읍에선 올해도 최덕수 열사의 뜻을 기린다. 정읍 시민들의 기억 속에서 영원히 사는 민중 해방 열사 최덕수를 기억해주기 바란다. 학살자들이 여전히 반성하지 않고, 떵떵거리며 사는 한 광주항쟁은 아직 끝나지 않았다.

최덕수 열사 약력

1968년 전북 정읍 출생

1987년 단국대학교 천안캠퍼스 법학과 입학

    '서도회' 써클 활동

    '호남향우회' 회장 역임

    '동학운동사 연구회' 활동

1988년 1학기 가정 형편으로 휴학

1988년 5월 17일 교내 광주 영령 추모식에서 광주항쟁 성명서 낭독

1988년 5월 18일 시계 탑 앞에서 11시경 분신

1988년 5월 26일 한강성심병원에서 분신 9일 만에 운명

야사를 아시나요?

──────── 학내 또는 거리에서 전투조 돌, 화염병, 쇠파이프 따위를 들고 전경과 대
치하며 맨 앞에서 싸우는 사람들를 지휘하는 총괄 책임자를 '야전사령관'이라 불렀다.
줄여서 '야사'라 했다. 전투조 편성, 지휘, 물량 배치, 타격 지점 지정, 공격과 퇴
각 결정, 전투 평가 등이 야사가 해야 하는 일이었다. 야사의 역량에 따라 전투
력의 차이가 컸고 부상자와 연행자 수도 현저하게 달라졌다. 특히 가투 거리 투쟁
일 경우 잘못된 결정 하나가 대형 사고로 이어질 수 있어서, 야사는 정확하고 빠
른 판단력을 갖춰야 했다. 야사는 임명이나 선출 대상이 아니었다. 전투 과정에
서 자연스럽게 전투조원들에 의해 추대되는 게 상례였다.

야사는 전투를 원활하게 진행하기 위해 오케스트라를 지휘하는 마에스트로
처럼 전투조를 바라보고 경찰을 등지는 자세를 취했다. 야사에게 주어진 가장
중요한 역할은 전투조가 겁을 먹지 않도록 하는 것이었다. 화염병을 든 전투조
가 성급하게 뛰지 않고 천천히 걸으며 전경을 놀리듯 타격할 수 있게 만들면 반
은 성공이었다.

전투조에 편재되지 않은 비전투 인력이 전투조와 조화를 이룰 수 있도록 조

정하는 일에도 각별히 신경을 썼다. 비전투조는 대부분 훈련되지 않은 이들이라 동선이 꼬이거나 후방에서 공격하는 경우가 많아 전투조가 다치는 일이 종종 발생했기 때문이었다. 나도 아군이 던진 돌에 맞아 팔이 부러지기도 했다. 수배 중에 팔에 깁스를 한 채 싸움을 지휘하던 내 모습이 국방부 '정훈자료집'에 '상처뿐인 영광'이라는 제목으로 실렸다. 그 덕에 군에 있던 동생은 보안사의 배려(?)로 휴가를 받았다. 동생이 나를 만날지도 모른다고 생각해 휴가를 주고 미행하려 했던 것이다.

우리가 전투에서 경찰 지휘부를 노렸듯 마찬가지로 경찰은 야사를 집중 겨냥했다. 야사는 경찰에 등을 지고 있기 때문에 고개를 돌려 경찰을 살피거나 전투조가 전하는 말을 통해 적진의 동태를 파악해야만 했다. 전투조가 그때그때 "머리 위 돌, 왼쪽 사과탄" 등의 메시지를 전하면 그에 따라 몸을 움직였다. 사과탄은 애교로 받아들였다. 문제는 경찰이 던지는 돌과 직격으로 발사하는 SY44였다. 야사들 모두 한 두 가지 트라우마가 있었다. 한 번은 경찰이 던진 돌에 머리를 맞았는데 내 머리는 말짱하고 돌이 두 조각 나는 기적 같은 일도 있었다. 그 뒤부턴 돌을 던지는 경찰을 향해 집중 타격을 명하곤 했다. 사사로운 감정을 실은 것이다.

한땐 돌에 대한 두려움을 떨치기 위해 3학년 때 농활 가서 동네 청년한테 얻은 오토바이 헬멧을 쓰고 전투를 지휘하기도 했다. 위험은 덜했지만 덥고 답답했다. 무엇보다 폼이 안 난다는 게 제일 문제였다. 결국 그 방법을 오래 쓰지 않았다. 그래서 등장한 게 방패막이였다. 매번은 아니었지만 종종 야사 앞에 방패를 든 전투조를 배치하는 방법을 썼다. 방패에 적은 문구로 선전을 하고 야사의 부상도 줄일 수 있었다. 물론 경찰을 자극하는 방법이기도 했다. 빼앗긴 방패를 되찾아야만 하는 경찰로선 참 약 오르는 일이었을 것이다.

한 달 전쯤 같은 사진에 등장하는 세 사람이 한자리에 모였다. 방패를 든 전투조원, 나, 등을 돌리고 있는 전투소조장이 23년 만에 술잔을 나눴다. 내가 학교를 떠난 뒤 방패를 든 전투조원이 야사를 맡았다. 그가 구속되자 이번엔 등을 돌리고 있는 전투소조장이 뒤를 이었다. 사진을 금기시했던 때라 셋이서 함께 찍은 사진이 한 장도 없었는데 이날 처음 셋이서 전면 사진을 찍었다. 한 명의 신분 제약 때문에 이번에 찍은 사진도 공개할 수 없지만, 사진 두 장을 비교할 수 있는 날이 언젠가 오리라.

난 아직도
전두환 심판 투쟁 중

──────── 80년 5월 광주를 배경으로 만든 영화 <스카우트>를 혹시 아는 가? 주인공이 항쟁 도중 연행된 애인을 구하려고 광주 건달들과 쇠파이프로 무장한 채 경찰서를 습격하는 장면이 있는데 퍽 인상 깊었다. 공권력을 비웃은 감독의 발칙함에 박수를 보냈다. 며칠 전 딸과 함께 본 <26년>에서는 전두환을 향해 고공에서 M60을 난사하는 장면이 가장 기억에 남는다.

80년에 난 중학생이었다. 그때 완전 무장한 계엄군을 정읍에서 만났다. 호남고속도로 정읍IC에 바리게이트를 친 계엄군에게 건빵을 얻어 먹으며 웃었다. 광주로 가야 할 과일이 정읍청과물시장에 풀린 탓에 딸기 가격이 싸져서 좋아라 했다. 고등학교 1학년 때, 우리 반으로 실습을 나온 교생 선생님이 대학 시위에서 동 시위 주도을 뜬 날 전두환에 대한 증오심을 실어 나도 돌을 던졌다. 80년 5월 계엄군에게 얻어먹은 건빵과 가격이 떨어져 좋다고 먹은 딸기가 광주 시민들의 피와 살이었음을 그때서야 어설프게나마 알게 되었다.

전두환에 대한 적개심이 나의 운동 1기의 출발점이었다. 대학에 입학하자마자 데모 제일 잘하는 동아리를 소개해 달라고 총학생회실을 찾아갔다. 그해 5월 외국방송이 찍은 광주항쟁 비디오를 보는 내내 주먹으로 시멘트 바닥을 쳤다. 매해 망월동을 찾았고 그때마다 전두환과 같은 하늘에서 살지 않겠노라 다짐했다. 내 일상에 새길 방법을 찾았다. 이메일, 휴대전화는 물론 기억해야 할 모든 숫자에 '518'을 넣었다.

연희동 주변에서 '전두환 구속 처단 투쟁'을 벌일 때 들었던 화염병, 쇠파이프가 성에 차지 않았다. 뜻을 같이할 동지와 총을 구할 수만 있다면, 산을 타고 들어가 백담사를 습격하고 싶었다. 지금도 1년에 한두 번 꿈에 전두환이 나타난다. 꿈속에서라도 시원하게 끝장내고 싶은데 아쉽게도 매번 결정적인 순간에 깨고 만다.

운동 1기의 종점에 도달하지 못한 채 난 자본과의 투쟁으로 전환했다. 운동 2기가 시작된 것이다. 그러나 내겐 광주항쟁 당시 시민들이 외친 구호 전두환 찢어죽이자가 여전히 유효하다. 전두환을 현실의 법정과 역사의 법정에 다시 세울 때까지 그가 자연사하지 않기를 기도한다.

오늘 전두환이 16년 만에 미납추징금 1672억 원 완납 계획을 발표했다. 물가 상승과 이자를 고려하면 땡전 한 푼 내지 않는 것이나 마찬가진데도 뭐 대단한 일이 벌어진 것처럼 난리다. 전두환이 죽으면 국립묘지에 안장하자는 얘기가 나올 것이다. 만약 그런 말을 내 앞에서 꺼내는 자가 있다면 대판 싸움을 벌이게 될지도 모른다. 지금까지 살아오며 내가 누구를 이토록 저주한 적이 없지만 전두환만은 예외다. 오늘은 부관참시 剖棺斬屍를 가슴에 새긴다.

아, 광주여!
민족의 십자가여!

———————— 88년 5월 '광주학살, 부정비리 진상규명 및 책임자 처벌을 위한 서울지역 민주투쟁연합 서민투련'이 발족했다. 이부영 씨가 의장을 맡았다. 하루는 한양대에서 서민투련 집회를 열고 영등포에서 가투를 벌였는데, 그날 내가 이부영 의장의 가드 사수조였다. 가투는 힘 한번 제대로 못 써보고 싱겁게 끝났다. 아쉬움을 달래려 우린 광주에 다녀왔다. 88년 2월 평민당사 점거 농성에서 처음 만난 하종삼 선배가 광주 원정단 지휘 책임자였다. 페이스북에 올라온 선배의 글을 읽으며 감동적이었던 그때 기억을 되새긴다.

1988년 광주 그리고 세 가지 기억

처음으로 광주를 가본 것이 대학 4학년 때인 1988년이다. 당시 서민투련이라고 88년 13대 총선이 끝나고 서울지역 민주단체들의 합의체를 만든 적이 있었다. 이부영 전 의원이 의장이었다. 난 '서울지역대학생총연합 건설추진위원회 산하 5공비리 및 광주학살 책임자 처단을 위한 투쟁위원회 위원장'이라는 다소 긴 직책을 맡고 있어 광주 망월동 가는 길에 학생 책임자로 가게 되었다.

첫 번째 기억

전남대 부근에 숙소를 정하고 광주공원에서 집회가 열린다는 말을 듣고 그곳으로 향했다. 아마 전남대 후문 쪽에서 버스를 탄 듯하다. 학생들이 우루루 버스를 탔는데, 우리의 말투가 서울 말씨라 버스 기사 아저씨가 물었다.

"어디 서울에서 온 모양이네?"

"네!"

"어디들 가나?"

"광주공원에 집회가 있다고 해서 갑니다."

그러자 이 기사분이 다른 승객들에게 통보(?)했다.

"서울에서 온 학생들이랍니다. 광주공원 집회에 간답니다. 좀 늦었답니다. 광주공원까지 그냥 갑니다!"

두 번째 기억

그렇게 광주공원까지 논스톱으로 달려 도착했다. 잘못된 정보였는지 현장에는 집회가 없었다. 그냥 돌아가기도 그렇고 해서 일단 확성기를 잡고 시위를 하기로 결정했다. 서울에서 하는 식으로 잔뜩 긴장하고 거리로 뛰어들었다. 서울서 가투 거리 시위 를 하면 5분을 넘기기도 어렵고 학생들만 시위하다 해산당하는 것이 일반적인데 웬걸 거리에 있던 광주 시민들이 합세하기 시작했다. 고등학생, 아주머니, 아저씨, 아들 손을 잡고 따라오는 어머니, 할머니, 할아버지 등등 서울에서는 상상도 하기 힘든 일이었고 또 감당하기 힘들 정도로 순식간에 대열이 커졌다. 어찌할 바를 몰라 하는데 마침 전남대를 다니다 온 친구가 옆

에 있어서,

"야, 이거 어떡해야 하냐?"

"뭐 어째. 시민들 말대로 도청으로 가야지."

우리 100여 명 학생들이 그야말로 달릴 연행 각오를 하고 시작했는데, 대열은 어느 새 2천여 명을 훌쩍 넘어 도청으로 향했다.

세 번째 기억

일정을 마치고 서울로 오는 길에 광주 관광 버스에 의지하게 됐다. 예산이 빠듯해서 겨우겨우 현지 업체의 버스를 타게 된 것이다. 밥인들 제대로 먹었는지 기억이 없다. 휴게소에 들렀을 때 일을 보고 버스에 승차하자 안내원이 빵과 우유를 하나씩 나눠줬다. 우린 고생한 것도 없는데 서울 학생들 고생하고 올라간다고 기사들과 안내원 누님들이 산 것이었다. 가슴이 먹먹해져 오는데, 안내원 누님이 마이크를 잡더니,

"정말이지 학생들 밥이라도 한 끼 해줘야 하는데 이렇게밖에 못 해줘서 미안합니다. 우리 광주는 살인마들이 처단될 때까지 끝까지 투쟁할 겁니다. 이렇게 서울에서 내려와 주셔서 너무 고맙고 미안합니다."

김준태 시인의 말만큼 광주를 잘 표현한 것도 없을 것이다. '광주여! 무등산이여! 민족의 십자가여!'

백기완 선생의
호통

―――――― 점심을 먹고 들어왔더니 책상에 콜라가 놓여있다. 내 취향을 모르는 동료가 두고 갔을 것이다. 지인들이 종종 내게 "왜 콜라를 마시지 않느냐?"고 묻는다. 그때마다 탄산 음료가 싫어서라고 대충 둘러댄다. 사람들 누구나 살면서 한 가지는 다짐한 일이 있을 것이다. 사소하지만 내게도 있다.

대학 새내기 때였다. 86년 한양대학교 노천극장에서 열린 2학년 '전방입소거부' 집회에 백기완 선생이 연사로 오셨다. 부총학생회장이 나를 불러 음료수를 갖다 놓으라고 했다. 룰루랄라 자판기에서 캔 콜라를 뽑아 백기완 선생에게 드리자 갑자기 이 양반이 연설을 중단했다. '미제의 구정물'을 가져왔다고 면박을 주며 콜라를 바닥에 내던져버리는 게 아닌가? 잽싸게 다른 음료수를 갖다 놓고 돌아서며 다짐했다.

"인물값 하려면 최소한 저 정도 똥고집은 있어야겠구나."

그날 이후로 30년이 지난 지금까지 콜라를 입에 대지 않았다. 풍물패에 가입한 탓에 비슷한 이유로 커피도 끊었다. 옆지기가 아들 낳으려면 커피 마셔야 한다고 유혹했지만 다짐을 굽히지 않았다.

백기완 선생과 선배들 덕에 몸에 안 좋은 것 두 가지는 평생 안 먹게 됐으니 고마워해야겠지만 만약 술도 그럴듯한 이유로 금기시했다면 그것도 따랐을까? 절대 NO! 때려죽인다 해도 그건 따르지 않았을 것이다. 인물값 할 일 없으니 이젠 고집을 꺾어도 되겠지만 뭐 대단한 다짐이라고 지금껏 버티며 산다.

　묘비명에 이렇게 써 달라고 부탁할까 보다.

　"평생 콜라, 커피 거부하고 죽은 놈."

아버지와 자전거

──────── 딸아이가 할머니한테 다녀오면서 학창 시절 내 상장과 성적표를 가져왔다. 어머니는 내가 고등학교 졸업할 때까지 받은 성적표와 상장을 모두 간직하고 있었는데, 그걸 손녀에게 물려준 것이다. 우리 어머니 아까워서 어떻게 줬을까?

딸과 함께 하나씩 펼쳐보다가 고등학교 1학년 때 성적표를 놓고 생각에 잠겼다. 고등학교 진학을 앞두고 정읍의 고등학교 교감들이 집으로 찾아와 장학생으로 가르칠 테니 자기네 학교에 입학시키라고 부모님을 졸랐다. 부모님은 정읍에서 고등학교를 다녔으면 좋겠다고 나를 설득했다. 가정 형편이 어려운 걸 뻔히 알면서도 나는 부모님의 바람을 외면하고 전주행을 고집했다.

푹푹 찌던 어느 여름날이었다. 전주 자취방에서 쉬고 있는데 대문 밖에서 익숙한 목소리가 들렸다. 아버지가 연락도 없이 오신 것이다. 대문을 열고는 내 눈을 의심했다. 아버지 곁에 내가 중학생 때 타던 자전거가 보였다. 자전거로 통학하고 싶다고 몇 주간 졸랐는데 사줄 형편이 안 되자 아버지가 직접 뙤약볕을 뚫고 정읍에서 전주까지 130리 비포장길을 달려오신 것이었다. 땀으로 목욕한 아버지는 "버스가 실어 주지 않더라."는 말만 반복했다. 아버지 쉰다섯일 때 일이었다.

자식을 위해서라면 부모들은 모두가 철인이 되나 보다. 아버지는 지금 연로해 거동이 불편하다. 정읍에서 전주까지 자전거로 달리던 아버지 모습을 다시 보고 싶다.

어머니의 환약

스물다섯 살 때 내 몸무게는 44~45kg 정도밖에 되지 않았다. 해골이 옷을 걸치고 활보하는 모습을 상상하면 될 것이다. 평소 56~58kg을 유지하던 몸무게가 수배 생활이 길어지면서 급격하게 준 것이다. 무더위가 계속되던 어느 여름, 안암동 부근을 걷다 정신을 잃고 쓰러졌다. 지치고 피곤해서 그렇겠거니 생각하고 대수롭지 않게 여겼다.

얼마 후 광명시에 살던 둘째 누나를 만났다. 얼굴과 눈이 노란 내 모습을 본 누나가 당장 진찰을 받아보자며 강제로 병원으로 끌고 갔다. 결과는 급성 간염, 영양실조, 황달이었다. 의사는 간경화, 흑달로 치닫기 전에 당장 입원시키라고 난리였다. 병원에 입원하기 위해 얼굴이 비슷해 보이는 후배한테 신분증을 빌렸다. 누나에게 병원으로 찾아오면 절대 안 된다는 확약을 받고서 부근에 대학교가 없는 서울 외곽 화곡동 병원에 입원했다. 2주 동안 먹고 자기만 했다. 그 사이 체중이 6kg 늘고 간수치도 떨어졌다. 나는 곧 퇴원했다.

병원에서 나온 뒤 제법 시간이 흘러 다시 둘째 누나를 만났더니 고향에서 보낸 약이라며 보따리를 내밀었다. 작은 콩알 같은 검은색 환丸이 가득 들어있었다. 공복에 수시로 먹으라는 말을 충실히 따랐다. 몇 년 후, 그 환의 정체를 알게 됐다. 굼벵이였다. 고단백질 식품이었던 것이다. 지금 내 음주 체력이 그때 다져진 게 아닌가 싶을 때가 있다.

막내누나가 얼마 전 자신의 페이스북에 굼벵이 환 제조에 얽힌 사연을 올렸다. 먹기만 했지 제조 과정은 알지 못했었다. 돌이켜보면 울 어머니 자식 때문에 참 징글징글하게 고생 많았다. 막내 누나가 올린 글이다.

완주군 공식 페이지 '완주스토리'의 와일드 푸드 축제에 뜬 굼벵이 요리 맛보러 오라는 페이스북 글을 보다가 큰 동생 굼벵이 사건이 생각났다. 80년대 혼란의 시기, 엄마는 수배령이 내려 숨어 다니던 동생의 간에 문제가 생겼다는 것을 알게 되었다. 그래서 동네 시골집 이엉 짚으로 엮은 초가집 지붕 재료 을 새로 가는 집에 찾아가 헌 이엉 속에 사는 굼벵이를 잡아왔다. 그리고 마당에서 굼벵이를 직접 불에 볶아 환을 만들었다. 굼벵이라고 하면 동생이 먹지 않을 것 같아 그냥 몸에 좋은 약이라고만 전했다. 그런데 그 환을 가지고 다니던 동생은 주변 사람들이 어디 조금 아프다고만 하면 마치 만병통치약처럼 나눠주었다. 동생은 알고 있었을까? 엄마가 그 징그럽게 생긴 굼벵이 중에서도 이엉 속 굼벵이가 크고 좋다고 이엉 개량하는 집을 찾아내서 직접 잡아왔다는 것을, 볶을 때 토할 정도로 역한 냄새가 나는 것을 꿋꿋하게 참아냈다는 것을, 이 모든 게 하라는 공부는 하지 않고 데모 앞잡이 그 당시 엄마 표현 가 된 아들이지만 엄마에게는 금쪽같은 아들이니까 가능했다는 것을……

막내 누나의
수렵 활동

초등학교 4학년 때 내 몸무게가 28㎏이었다. 여름방학 때 학교에서 퇴비를 만들어 오라는 숙제를 내주었는데, 숙제로 내준 퇴비 무게도 28㎏이라 친구들이 나를 들어보고 "이만큼 해 오면 되는구나." 하며 그 무게를 가늠했다. 몸은 왜소했어도 병치레는 없었다. 아마도 어릴 적 먹은 개구리 덕이었으리라.

영유아기엔 몸이 약해 어리광이 심했다. 엄마 등에서 떨어지지 않으려고 떼쓰며 칭얼대는 것이 일과였다. 어머니 말에 의하면 젖이 모자라 그랬단다. 하도 몸이 약해 하루는 큰 맘 먹고 한의원에 데려갔더니 한의사가 "몸이 허약해 영양 섭취를 잘 해야 하는데 살림이 넉넉하지 못하니 개구리라도 잡아 먹여요." 하더란다. 이때부터 막내 누나의 수렵 활동이 시작됐다. 나는 잡은 개구리를 뀀 물풀을 찾아다니고, 누나는 작대기 끝에 못을 박아 작살처럼 들고 종일 산과 들을 쏘다니며 개구리를 잡았다. 개구리, 질리도록 먹었다. 그 덕인지 큰 병치레 없이 성장할 수 있었다.

페이스북을 보니 막내 누나는 당시 상황을 이렇게 회상하고 있었다.

내 이름은 두레. 종갓집 맏며느리인 우리 엄만 딸 둘을 낳고 나를 낳았지. 추석 이틀 전에⋯⋯. 할머니께서 밥도 주지 않고 나가시며 '퍼뜩 일어나라' 하셨다지. '에라, 죽이면 죽어버리지' 하시며 솥뚜껑을 열었더니 남은 밥 한술이 있어, 그 밥 드시고 일어나 곧장 추석 준비를 하셨대. 셋째도 딸을 낳으셨기에 죄인처럼⋯⋯. 그렇게 내가 태어났어.

내 이름은 '정희', 그런데 어릴 적 동네 어느 누구도 나를 정희라고 부르지 않았어. 늘 '두레'라고 불렀지. 우리 세대나 알까? 두레는 낮은 곳에 있는 물을 언덕진 높은 곳에 있는 논이나 밭으로 퍼 올리는, 네 귀퉁이에 긴 끈을 묶어 두 사람이 잡고 작업하는 나무통이야. 딸 씨를 모두 퍼내버리고 아들 터를 파라는 뜻으로 두레라고 부른 거지. 그래서일까. 정말 밑으로 남동생 둘을 봤어.

그런데 큰 동생이 잘 먹지를 않아 삐쩍 말라가니 엄마의 한숨이 늘었지. 그래서 엄마가 내게 명을 내렸어. 아들 터까지 판 장한 일을 한 내게 개구리를 잡으라는 것이었어. 아마 대여섯 살이나 되었을 거야. 일곱 살에 입학했는데 그 전으로 기억하니까. 지금도 생생해. 긴 막대기 끝에 못을 박아 팔짝팔짝 뛰는 개구리를 콕 찍어서 잡아 껍질을 벗겼지. 그 개구리를 긴 풀뿌리에 한 가득씩 매일 잡았어. 그걸 깨끗이 씻어 햇볕 좋은 곳에 말려 먹였더니 아주 건강해지더래. 그렇게 큰 동생은 살아났어.

큰 동생은 똑똑해서 자랑거리, 작은 동생은 잘생겨서 자랑거리였어. 큰 동생은 초중학교에서 1등을 놓친 적이 없어. 물론 몇 번은 있었겠지. 하지만 1등을 놓친 날은 마루 끝에 앉아 이를 갈았고 그 다음 시험에서 다시 1등을 했어. 그런 동생이 고등학교를 가며 변하더군. 아무나 쉽게 가지 않는 길, 하지만 누군가는 가야 하는 길, 그렇지만 내 가족은 아니기를 바라는 길을 가는 동생에게는 쉽게 근접할 수 없는 어려움이 늘 있었어. 그런 동생이 쓴 글을 페이스북에서 보니 다시 옛날 내 동생을 찾은 것 같아. 내 이름을 정희, 정옥, 두레 어떻게 불러도 좋아.

"넌 내 동생."

응답하라,
1994

──────── 대학로에서 성균관대학교로 가려면 육교 지금은 횡단보도로 바뀌었다를 건너야 했다. 그 육교 건너 오른쪽 첫 번째 골목 가야, 카지노, 태평소, 허튼소리, 가람 등 제법 이름난 주점이 많았다. 막다른 건물 지하에 '2Strike 3Ball'이란 주점이 있었다. 민정련 민중정치연합에서 상근하다 생계가 막막해 같이 일하던 선배 같은 날 결혼해 제주도로 함께 신혼여행을 다녀왔다와 94년에 주점을 차려 2년 남짓 운영한 적이 있다.

상호 '2Strike 3Ball'은 당시 동업자와 내 처지를 반영해 지었다. 출루하든, 벤치로 돌아가든 승부를 가려야 하는 상황이었다. 여윳돈이 없어서 직접 인테리어를 했다. 시설은 엉망, 안주도 엉성했지만 지렴한 가격과 인맥을 믿고 시작했다. 술과 안주를 묶어 1·2·3루타, 홈런, 만루 홈런 등으로 이름을 지어 패키지로 팔았다. 특별 메뉴로 '진도홍주'를 직접 진도에서 가져와 팔기도 했다. 장사가 잘 돼서, 파리 날려서, 지인이 찾아와서, 데모하러 못 가 속상해서, 기쁜 일, 슬픈 일을 평계로 손에서 술잔이 떠날 날이 없었다. 끼니를 걸러야 할 정도로 바쁜 날도 있었지만 그건 가뭄에 콩 나는 경우였고, 장사가 신통치 않아 주인한테 월세

독촉 받는 일이 잦았다.

한번은 미성년자 대학교 1학년생 단속에 걸려 관에 뇌물을 먹이고 문제를 해결한 적도 있었다. 연말 특수를 노려 후배들을 무임금 삐끼로 동원하고, 요금 미납으로 전기가 끊겨 빚을 내 명동에 있는 한전을 찾아가기도 했다. 장마철엔 가게 안으로 들이치는 빗물을 퍼내며 장사했다. 버스가 끊겨 종종 가게에서 웅크리고 잤다. 나도 팬이었던 서태지와 아이들이 성대 유림회관에서 은퇴 기자회견을 하던 날엔, 흐느끼던 여학생들을 그곳에서 지켜봤다.

손님은 주로 지인과 성대생이었다. 당시 대학로에서 대규모 집회가 많이 열렸는데 그런 날은 대박이었다. 탁자와 의자를 들어내고 바닥에 신문지를 깐 채 손님을 받아야 할 정도로 사람이 붐볐다. 집회를 마치고 종로나 서울시청으로 행진을 하면 "왜 행진 같은 걸 하고 지랄인지 모르겠다."라고 집회 기획자를 씹으며 동지들에게 "행진 말고 뒤풀이!"를 외치기도 했다. 외상 손님의 대부분은 단골이었다. 약속한 날짜에 갚는 이가 많았지만, 간혹 발길을 끊거나 웃음으로 때우는 이도 있었다.

문을 닫은 지 20년이 되었지만 '2Strike 3Ball' 간판은 지금도 걸려 있다. 건물주가 철거하는데 돈 든다며 방치하고 있다. 가게에서 손을 털면서 챙긴 장부를 아직 보관 중이다. 거기엔 외상 술 먹은 사람과 금액이 적혀 있다. 간판 내릴 때까진 갖고 있을 생각이다. SNS 친구 중에 당시 단골이 많다. 당연히 외상 고객도 있다. '2Strike 3Ball' 옛 주인으로서 말한다. 자진 납세로 광명 찾으시라. 이제 와서 외상값 갚으란 얘긴 하지 않겠다. 장부에서 이름 삭제해 줄 테니 대신 술을 쏘시라. 싫으면 몰래 간판도 떼고 장부도 탈취하든가?

나의 투쟁
30년사

교문이
사라졌다!

──────── 동창 모임 참석차 모교에 다녀왔다. 지하철역을 나와 교문을 통과하고 가파른 언덕을 올라야 했던 예전과 달리 지금은 역에서 곧바로 학교로 통하는 출입구가 있었다. 80~90년대 학생들의 꿈이 직통 출입구였는데 뒤늦게 현실이 된 것이다. 이와 동시에 교문도 사라졌다. 꽤 오래 전에 교문이 사라졌다는 얘기는 들었지만 직접 경험하니 왠지 남의 집에 들어가는 기분이었다.

학생들에게 길을 물어야 할 정도로 교정이 낯설었다. 24시간 편의점과 카페가 들어서고 신축 건물이 즐비했다. 대운동장을 없애고 그 자리에 거대한 건물을 세운 게 가장 충격이었다. 대학을 지배하는 건 더 이상 '학문과 진리'가 아니라 '돈'이라는 사실을 웅변하는 듯했다. 운동장이 사라져서 운동권이 줄어든 것인지도 모른다는 허망한 생각을 하며 교정을 걸었다.

옛날 생각이 났다. 학생회관 앞 광장 한마당 에서 집회를 마치면 주최 측은 학생들에게 '교문박치기' 교문을 사이에 두고 거리로 나가려는 대학생과 막으려는 경찰이 벌이는 전투 를 알렸고, 우린 보도블록을 가지러 갈 겸 스크럼을 짜고 대운동장을 주변을 돌았다. 교문 앞에 도착하면 가져온 보도블록을 일제히 아스팔트 바닥에 내던져 조각내고 이어 망치로 손에 쥐기 편하게 다듬었다. 보도블록을 다 쓰고 나자 학생들은 학생회관 주변 화단 벽돌을 깨기 시작했다. 학생처에서 몇 번 뜯어말렸지만 독재정권에 분노하는 학생들은 이를 무시했다. 그러자 학교 측에서 우리더러 사용하라고 돌을 트럭으로 사다 날랐다.

시위를 할 것 같으면 경찰이 교문을 사전에 쇠사슬로 묶어놓는 경우가 있었다. 그런 날은 한 시간 정도 공방전을 벌여야 겨우 닫힌 교문을 열 수 있었다. 경찰이 쏘고 던지는 최루탄과 돌을 피하기 위해 전투 중 경찰한테 빼앗은 방패로 앞을 가린 채 정과 망치로 쇠사슬을 끊었다. 불필요한 소모전이었지만 거리로 나서려면 반드시 거쳐야 하는 일이었다. 그 와중에 최루탄과 돌에 부상을 입는 동지들이 많았고 준비한 꽃병화염병과 돌을 반 이상 허비하곤 했다.

87년 어느 날이었다. 이튿날 치를 대규모 전투를 위해 물량을 준비해놓고 교문을 나서다 기막힌 생각이 떠올랐다. 병 찐 경찰의 표정을 생각하며 동기들과 그 무거운 철제 교문을 떼어내기로 한 것이다. 야밤에 10여 명이 달라붙어 낑낑거리며 교문을 학생회관 앞으로 옮겨 버렸다. 아니나 다를까. 이튿날 경찰은 당황해서 어쩔 줄 몰라 했다. 매번 교문 밖 도로를 점령하기 위해 많은 인적, 물적 자원을 투입해야 했는데, 그날은 경찰의 1차 저지선 역할을 하던 교문이 없으니 우리가 초반에 승기를 잡았다. 최루탄이 직격으로 날아들었지만 노련한 전투조들에겐 크게 문제될 게 없었다. 근접전이 가능해지자 도리어 경찰이 허둥

댔다. 전투조가 초반부터 방방 날았다. 구 정문과 신 정문 앞 도로를 모두 점령한 채 경찰 저지선을 뒤로 밀어내며 성동경찰서가 있는 왕십리 방향을 향해 진격하려고 치열하게 싸웠다.

다음에도 이 전술에 당할 걸 예상한 경찰이 가만있을 리 없었다. 며칠 후 그들은 학교에 요청해 교문을 뗄 수 없도록 아예 용접을 해버렸다. 용접기를 사서 자를 수도 있었지만 더는 이 전술을 써먹지 않았다. 거리로 진출하기 위해 치열한 공방전을 벌이던 교문이 지금은 사라지고 없다. 예전보다 전투하기 좋은 조건으로 바뀌었건만, 현실은 여전히 암울하건만, 교문박치기를 할 학생들이 없다는 게 아쉬울 뿐이다.

권총 겨눈
경찰과 맞서다

"쏴, 쏴봐. 새꺄!"

"다가오면 진짜 쏜다."

권총을 겨눈 순경과 내가 숨을 거칠게 몰아쉬며 서로 악다구니를 썼다. 87년 어느 봄날 천호동에서 있었던 일이다. 그로부터 이십 몇 년이 흐른 오늘 오후에 외근하러 천호동에 다녀왔다. 천호동은 내가 오랫동안 근무한 곳이라 각별하게 정이 가는 동네다. 그날 사건이 떠올라 천호동을 걸으며 혼자서 배시시 웃었다.

박종철 열사가 치안본부 남영동 대공분실에서 물고문으로 사망한 87년 어느 봄날이었다. 일촉즉발의 긴장감이 감돌던 시국이었다. 당시 가투 거리 투쟁는 4대문 안에서 벌이는 게 정석이었는데 그날은 달랐다. 시위대 규모가 작아서 내가 다닌 대학교 단독 시위였다. 자체 전투력으로 소화할 수 있는 외진 곳을 선택한 것 같았다. 동아리 후배 두 명을 데리고 천호동 맘모스백화점 현 현대백화점 앞에 내렸다. 난생 처음 발을 내딛는 곳이었다.

가투는 순식간에 종료됐다. 제대로 힘 한번 써 보지도 못했는데 퇴각령이 떨어졌다. 어디로 튀어야 할지 막막했다. 후배 둘의 안전을 책임져야 하는 상황이라 더 조바심이 났다. 현장을 벗어나는 게 급선무였다. 퇴각 수칙을 잊고 위험하게 골목으로 들어서고 말았다. 경찰이 소리를 지르며 뒤를 쫓았다. 달동네 언덕길을 500m 이상 내달렸는데도 경찰이 포기할 생각을 하지 않았다. 그때 순찰을 돌던 순경이 우리 앞을 막아섰다. 등 뒤에서 "그 새끼들 잡아!"라고 소리치며 경찰이 달려오고 앞엔 순경이 막아섰으니 어느 한쪽이든 격투로 돌파해야 하는 상황이었다.

앞을 막고 있던 순경이 당황했는지 권총을 꺼내 우리에게 겨눴다. 후배들 앞에서 체면이 있지 순순히 잡혀갈 순 없는 노릇이었다. 빈 총일 거란 생각이 머리를 스쳤다. 웃옷을 올려 가슴을 내밀고 다가갔다.

"쏴, 쏴 봐, 새꺄. 열사 한 명 더 만들 거면 쏘란 말야!"

"다가오면 진짜 쏜다."

그 순간 담장 밑에 놓여있던 연탄재가 눈에 들어왔다. 쭈뼛거리는 순경을 향해 연탄재를 집어던지고 곧이어 달려들어 이단옆차기를 날렸다. 용기를 얻은 후배들도 연탄재를 던졌다. 엉덩방아를 찧는 순경을 밀치고 입에서 단내가 나도록 달렸다.

순경과 경찰을 따돌리고 나자 날이 어두컴컴했다. 놀란 가슴에 하차했던 곳으로 되돌아갈 엄두가 나지 않았다. 길을 잃고 헤매다 버스가 다니는 도로를 겨우 찾았다. 나중에 알았는데 암사동이었다. 배는 고픈데 주머니는 비었지 울고 싶은 심정이었지만 생애 첫 가투에 나와 잔뜩 겁먹은 후배들 앞이라 내색을 하지 못했다. 권총을 겨눈 순경 욕을 신나게 하면서 학교로 돌아왔다. 그날 이후 경찰의 권총 앞에서도 당당한 선배라고 후배들한테 영웅 대접을 받았다.

지금 밝히는 건데 내가 그날 권총 앞에서 얼마나 쫄았는지 너흰 모를 거다. 하마터면 바지에 오줌 지릴 뻔했단 말이다. 끈질기게 뒤쫓던 그 경찰은 전생에 추노꾼이었을까?

지랄탄에 대한
슬픈 기억

━━━━━━━━ 80년대엔 달력 투쟁이란 게 있었다. 매년 그날이 되면 전국의 대학생들은 어김없이 교문박치기교문을 사이에 두고 거리로 나가려는 대학생과 막으려는 경찰이 벌이는 전투와 가투거리 투쟁에 나섰다. 4·3, 4·19, 5·18, 11·3학생의 날이 바로 그날이었다. 나중에 6·10과 8·15가 추가됐다.

87년 4월 경찰에 비상이 걸려 있었다. 박종철 열사 고문 치사 사건으로 2월 7일2·7투쟁과 3월 3일3·3투쟁에 전국적으로 대규모 시위가 벌어진 뒤라 더욱 그랬다. 경찰은 4·19 전날 갑호비상령을 내리고 시국 관련 수배자, 화염병, 유인물 소지자를 연행하기 위해 전국에서 24시간 검문검색을 실시했다. 대학도 교직원에게 비상 근무령을 내려 상황을 주시했다.

수유리 4·19묘역에서 열리는 '4·19혁명 27주년 기념대회'에 참석하기 위해 교문박치기를 생략했다. 곳곳에서 불시에 벌어지는 검문검색이 강화되고, 묘지 주변에 경찰이 진을 치고 있어 화염병 운반이 쉽지 않았다. 각자 던질 양만큼 개별 운반하라는 지침을 받았다. 가방은 위험해 웃옷과 바지에 화염병 2개와 짱돌을 가득 넣고 동지들과 성신여대입구에서 6번 버스를 탔다. 바지에 넣은 화염병이 불량이었다. 병 주둥이를 비닐 랩으로 감싸고 그 위를 철사로 감는 게 정석인데 시간에 쫓겨 대충 만든 게 화근이었다. 줄줄 샌 시너와 휘발유가 피부를 적셔 가려웠다.

4·19묘역 주변은 이미 교통이 차단된 상태였다. 우린 덕성여대 정문 앞에 집결해 묘역까지 행진했다. 묘역은 발 디딜 틈이 없을 만큼 사람이 많았다. 주변 숲까지 붐볐다. 각 대학을 담당하는 경찰서 공안과 형사들도 여기저기 뒤섞여 있었다. 지금 용산경찰서에서 근무하고 있는 우리 단과대 담당 형사가 실실 쪼개며 잡히지 말라는 농을 던졌다.

오후 두 시에 시작한 집회는 네 시경에 끝났다. 곧바로 스크럼을 짜고 묘역을 벗어나 150m 떨어진 4·19묘지입구사거리로 행진했다. 사거리에 진을 치고 있던 경찰은 이미 대응 태세를 갖춘 상태였다. 보도블록을 깨고 화염병에 불을 붙이자마자 기다렸다는 듯 지랄탄이 불을 뿜었다. 그걸로 상황 끝이었다. 4차선도로에 수천 명이 운집한 상태에서 지랄탄 발사와 동시에 백골단 무술 유단자와 특전사 출신으로 구성된 사복 체포 경찰. 흰색 헬멧, 작은 방패와 단봉으로 무장한 채 시위대를 폭력으로 제압하고 체포하는 일을 담당했다. 백골단이 시위 진압에 투입되면서 학생들도 각목과 화염병으로 저항하기 시작했다. 이 달려들자 손을 쓸 재간이 없었다. 전투 물량도 턱없이 부족하고 공간이 비좁아 전투조에겐 최악의 조건이었다. 속수무책 당할 수밖에 없었다. 주택가에서 산발적으로 싸웠지만 이미 진 싸움이었다. 그날 수백 명이 현장에서 연행됐다. 택전술을 짠 놈을 씹으면서 학교로 돌아왔다. 애꿎은 허벅지만 벅벅 긁으면서……

이듬해 88년엔 서울 지역 대학생 수만 명이 고려대에 모여 4·19묘지까지 약

15km 마라톤을 빙자한 가두행진을 벌였지만 사전에 폭투 폭력 투쟁가 없다는 정보를 듣고 난 참가하지 않았다. 올 4월엔 대학생들이 '비정규직 철폐 마라톤 대회' 같은 것을 하면 좋겠다. 대다수가 졸업 후 비정규직으로 살아가야 할 텐데…….

국민투표를
거부하라

──────── 87년 '국민투표거부투쟁'을 아는 사람은 극히 드물다. 이는 내 생애 처음 갖게 된 투표권을 포기한 얘기이기도 하다.

87년 6·29선언 이후 노동자 대투쟁을 제외한 투쟁 전선은 급속히 무너졌다. 직선제 개헌과 12월 대통령 선거가 블랙홀처럼 투쟁 의제를 빨아들였다. 여야가 합의한 헌법개정안9차을 10월 27일 국민투표6차에 부치기로 확정되었다. 이런 상황에서 선거 자체에 문제 제기를 하는 세력은 몰매 맞을 각오를 해야 했다. 군대, 경찰, 안기부, 검찰, 치안본부, 보안사 등 폭압적인 독재 권력 기구의 해체 혹은 개혁 없이 선거로 세상을 바꾸자는 주장에 문제 제기하는 '국민투표거부투쟁'이 시작됐다.

대검이 칼을 빼들었고 중앙선관위가 춤을 췄다. 검찰총장은 "북괴 등 반국가 단체의 지령에 의하거나 좌경 세력에 의한 국민투표 거부 선동은 전원 국가보안법을 적용 구속 수사하라."고 지시했고, 중앙선관위는 "헌법 개정안에 대한 찬성, 반대를 선동하는 행위뿐만 아니라 국민투표 거부를 선동하는 행위도 실질적으로 반대를 선동하는 행위로 본다."라며 거들었다. 정권은 투표를 통해 헌법 개정안에 대한 개인적인 찬·반 의사 표시만 허용할 뿐 국민투표 자체에 대한 찬성, 반대 운동을 봉쇄해 '정치적 자유'를 박탈해 버렸다.

곧바로 치안본부와 경찰이 나섰다. 국민투표거부운동을 주도한 혐의로 민민투, 민민학련의 배후 세력으로 '전국학생운동지도부 전학운'를 지목해 조직원 열한 명을 국가보안법으로 구속하고 여덟 명에게 수배령을 내렸다. 교내 시위와 관련해 고려대생 열두 명을 역시 국보법으로 구속하고 성균관대 투쟁위원회 소속 학생들을 수배했다. 또 노학연대로 국민투표 거부를 주도하고 임시혁명정부 수립을 선동한 혐의로 '인천지역노동자해방투쟁위원회 인노투' 조직원 일곱 명을 구속하고, 열 명을 수배했다.

우리 동아리 원시공동체문화연구회는 '국민투표거부'를 주제로 마당극을 만들었다. 워낙 탄압이 극심해 출연자 전원이 얼굴에 탈을 쓰고 출연했지만 지인들이 목소리만으로도 누군지 금세 알아차렸다. 공연 마지막에 투표함을 불태우고 여세를 몰아 그대로 교문박치기를 했다. 투표일을 하루 앞둔 26일 밤, '오더'를 받고 담을 넘어 명동성당에 진입했다. 진입에 성공한 사람은 100여 명뿐이었다. 경찰이 물샐틈없이 포위해 꼼짝할 수 없었다. 농성이 어렵다고 판단한 지휘부가 새벽에 해산 명령을 내렸다. 경찰을 피해 건물을 곡예 하듯 넘나들며 겨우 빠져나왔다. 언론은 물론 학생운동사에 기록으로도 남지 않은 명동성당 농성 좌절 사건이다.

투표 결과는 6차례 국민투표 가운데 최저 투표율78.2%을 기록했지만 투표 거부 투쟁과 상관없는 일이었다. 여야 합의로 발의됐고 이미 대선 전초전에 돌입한 상황이라 누구도 투표율을 신경 쓰지 않았다. 그때 개정된 헌법이 현재까지 시행되고 있다.

난 대중 투쟁을 경시한 채 선거에만 목을 매는 정치 세력을 믿지 않는다. 또 그런 의회주의 경향에 반대한다. 그렇다고 선거 제도 자체를 부정하진 않는다. 물론 전제가 있다. 정보 민주주의와 공정성이 확보돼야만 한다. 때문에 선거의 ABC를 한순간에 짓밟아버린 국정원의 이번 대선 개입과 같은 사태는 단호하게 뿌리 뽑아야 한다. 인민들로 하여금 선거가 의미 있는 정치 행위인지 의심하게 만드는 건 국정원과 같은 정보기관과 권력 너희들 탓이다.

블랙리스트,
감시, 사찰

———————— 노조 파괴 공작을 일삼던 창조컨설팅이 연일 화제다. 무자비한 노조 파괴 청부 기업 이름에 '창조'를 넣는 불경을 저지르다니. 세종대왕이 벌떡 일어날 일이 아닌가?

청부업자 문제는 어제 오늘 일이 아니다. 90년대 후반에는 대우자동차 노사 협력팀을 맡았던 'ER컨설팅'이 악명 높았다. 노조 파괴 공작의 효시라 할 수 있는 자는 '제임스 리'다. 1990년 제작된 독립 영화 〈파업전야〉에도 그가 등장한다. 영화에서 '동성금속노조'를 깨기 위해 자본이 고용한 자가 '제임스 리'였다. '제임스 리'는 미국에서 노조 파괴 공작을 배운 뒤 한국으로 건너와 89년 1월 현대중공업 식칼 테러를 진두지휘했다. 이 테러로 23명의 노동자가 병원에 입원했다.

80년대 자본이 노조와 노동자를 감시하고 사찰하는 주된 방법은 '블랙리스트' 관리였다. 블랙리스트특별히 주의하고 감시할 필요가 있다고 여기는 인물 명단는 1970년대부터 자본이 노조 설립과 활동을 원천 차단하기 위해 작성하고 관리한 노동자 살생부였다.

6월항쟁이 끝나고 노동자 대투쟁이 펼쳐지던 1987년 가을이었다. 구로공단에 '블랙리스트' 관리처가 있다는 얘기가 나돌았다. 구로공단역^{현 구로디지털단지}_역 에 가두 시위가 잡혔다. 관리처로 지목된 곳을 타격하고 거리를 장악하려는 시위 계획이었다. 그날 주동자^{시위 지휘자} 가 동아리 선배였고 그 선배를 현장에서 호위하는 가드^{호위 무사} 가 내 역할이었다.

학생들이 어둠이 깔린 구로공단역 주변으로 삼삼오오 집결했다. 다들 동이 뜨기^{주동자가 맨 먼저 거리로 나서며 시위 시작을 알리는 행동이다. 동아리 선배 이창원이 이날 주동}_{자였다.}만을 초조하게 기다리며 시계와 도로를 번갈아 쳐다봤다. 예정된 시간이 지났건만 동이 나타나지 않았다. 3~4분이 흘렀다. 가투에서 동 뜨는 시각이 지체된다는 건 있을 수 없는 일이었다. 사고가 생긴 게 분명했다. 이러지도 저러지도 못하고 우왕좌왕하고 있을 때였다.

"해산, 해산!"

슬리퍼를 신고 양손으로 쟁반을 바친 음식 배달원이 내 곁을 스치며 낮은 목소리로 속삭였다. 내가 반응이 없자 재차 다가와 속삭였다. 자세히 보니 동 뜨기로 한 선배였다. 이유는 나중에 설명할 테니 당장 주변에 해산 지침을 전달하라고 했다. 여기저기 소식을 알리고 자리를 떴다. 그날 가투는 그렇게 허무하게 무산되고 말았다.

사연은 이랬다. 선배가 구로공단역 주변에서 성동경찰서 보안과 형사와 눈이 마주쳤다. 관할 지역도 아닌 곳에 형사가 나타났다는 건 정보가 샜다는 걸 뜻했다. 학생들에게 이 사실을 알려야 했다. 그때 선배가 기지를 발휘했다. 주변에 있던 식당에서 신발과 음식 쟁반을 훔쳤다. 형사에게 들키지 않기 위해 음식 배달원으로 위장한 것이다. '창조'는 이럴 때 쓰는 말이다. 선배의 기지 덕에 학생들은 무사히 그곳을 빠져나왔다.

지금도 '블랙리스트'가 작성되고 있다. 디지털 문명 덕에 예전보다 감시와 관리, 사찰이 훨씬 수월해졌다. 마음만 먹으면 페이스북, 트위터, 카톡 등을 통해 '불순한 세력'의 성향 분석과 인맥도를 그리는 일은 땅 짚고 헤엄치기다. 실제 세월호 투쟁과 관련해 노동당 정진우 부대표를 수사하는 과정에서 검찰이 카카오톡으로부터 기자 40여 명을 포함해 2368명의 개인 정보를 제공받았다. 수사 기관은 당사자들에게 통지하지 않았고, 사찰 사실은 언론 보도를 통해 알려졌다. SNS 사찰 시대에 이제 우린 어디를 타격하러 가야 하는 걸까?

내 생애
가장 행복했던 순간

요즈음 학습지 노조 재능의 종탑 농성에 연대하러 다니다 보니 대학로를 자주 걷게 된다. 대학로는 내 인생에서 결코 잊을 수 없는 감동의 드라마가 펼쳐졌던 곳이다.

87년 10월 13일 민통련 민주통일민중운동연합 이 '범국민적 후보로 김대중 고문을 추천한다'는 성명을 발표하자 운동 진영의 움직임도 빨라졌다. 그 이전 민가협 민주화실천가족운동협의회 과 서울지역민주노동자연맹준비위가 김대중 비판적 지지를 선언했다. 가농 가톨릭농민회 과 인노련 인천지역민주노동자연맹 이 민통련을 비판했고, 8월 19일 발족한 전대협 전국대학생대표자협의회 은 처음엔 '거국중립내각'을 주장했으나 이내 김대중 지지로 돌아섰다. 서울대, 연세대 총학생회는 후보 단일화 평화민주당 김대중, 통일민주당 김영삼 를 촉구하며 단식 농성에 돌입했다.

민중운동 진영이 김대중 지지와 후보 단일화로 갈린 상황에서 11월 21일 '민중의 독자적 정치 세력화'를 주장하는 이들이 광화문 부근 구 서울고터 현 서울역사박물관 에서 '백 선생 백기완 후보 수락 촉구 대회'를 열었다. 당시 풍물패였던 나는 달랑 홑적삼 하나 걸치고 마지막까지 그 자리를 지켰다. 살을 에는 추위에 얼어 죽을 뻔했다. 낮에 시작한 집회도 끝나고 밤이 깊어갔지만 굳게 닫힌 백 선생님의 입은 몇 시간째 열리지 않았다. 기탁금을 마련했다는 소식이 들리고서야 무겁게 입을 열어 후보를 수락했다. 나의 87년 대선 문선대 활동의 막이 오르는 순간이었다.

11월 23일 후보 등록을 하고 전국 유세를 시작했다. 백 선생은 문선대가 길을 열어야만 움직이는 후보였다. 수원을 시작으로 안양, 청량리역, 동대문운동장 앞, 부천역, 종묘, 낙골난곡, 구로공단, 강남고속터미널, 성남 희망대공원, 부평역, 부평공단, 대학로, 원주역, 청주 순으로 돌았다.

12월 12일 투표일을 앞두고 마지막 주말 유세가 펼쳐졌다. 노태우는 여의도광장, 김영삼은 부산역광장, 김대중은 대전역광장, 김종필은 장충단공원에서 유세를 잡았고 우린 12월 6일에 이어 대학로에 다시 모였다. 믿기지 않을 만큼 많은 이들이 모였다. 하나의 생각으로 민중운동 진영 행사에 그렇게 많은 사람이 모인 건 전무후무한 일이었다. 30만 명이라고 했다. 난 문선대로 그 추운 날 땀을 뻘뻘 흘리며 신나게 난장을 틀었다. 그때였다. 고춧가루 부대가 등장했다. 김대중을 지지하는 대학생 수백 명이 백기완 민중 후보 사퇴를 촉구하며 종로 방면 이화예식장 쪽에서 행진해 오고 있다는 소식이 들렸다. 울화통이 터져 참을 수가 없었다. 악기를 내려놓고 손에 쥘 무기를 찾는데 선배들이 말렸다. 다행히 큰 사고 없이 마무리됐다.

그 일만 없었다면 87년 12월 12일 민중 후보 대학로 유세는 내 생애 가장 행복했던 순간으로 기억됐을 것이다. 우리도 가만있을 수 없었다. 이튿날 보라매공원에서 열린 김대중 후보 유세에 찾아가 민중 후보를 선전했다. 간이 배 밖으로 나오지 않고서야 어떻게 그런 행동을 할 수 있었는지 지금 생각해도 아찔하다. 김대중 광팬한테 맞아 죽지 않은 게 다행이었다. 그러나 우리의 민중 후보는 투표일을 이틀 남긴 12월 14일 김대중, 김영삼의 후보 단일화를 호소하며 돌연 사퇴하고 말았다. 6월항쟁의 성과를 이어 합법 공간 선거을 통해 민중의 독자적 정치 세력화를 추진하려던 계획은 잠정 연기될 수밖에 없었다. 난 북채를 던지고 이틀간 술집에 처박혀 있었다.

　며칠 후 당시 대학로에서 문선대로 함께 활동했던 동아리 동기, 후배들과 아주 오랜만에 만난다. 그들도 나처럼 그날을 생애 최고의 순간이라고 생각하고 있을까? 설령 그렇진 않더라도 함께 온 몸으로 신명을 발산했던 그날이 빛바랜 흑백 사진으로만 남지 않고 우리를 오늘, 내일로 이어주는 값진 순간이었길 바란다. 그날 우리 참 멋졌잖아?

구로구청
점거 투쟁

1987년 12월 12일, 30만 명이 대학로에 모여 민중 후보 백기완을 연호하던 감동은 일장춘몽이었다. 그 감동은 며칠 가지 못했다. 투표를 이틀 앞둔 14일 민중후보가 사퇴했다. 문선대로 활동하던 난 더 이상 할 일이 없었다. 노태우 당선이라는, 죽 쒀서 개 주는 결과를 허탈하게 기다릴 뿐이었다. 13대 대선이 그렇게 끝나가고 있었다. 난 투표하러 가지 않았다.

투표 당일 납득할 수 없는 일이 벌어졌다. 투표가 한창이던 16일 오전 서울 구로구선관위가 구로구청에서 봉인이 안 된 투표함을 빵 상자에 감춰 차로 밀반출하려다 적발되는 일이 발생했다. 투표 조작 여부를 조사하기 위해 구청 3층에 있던 선관위로 몰려간 시민들과 공감단 공정선거감시단 이 투표함, 붓 뚜껑, 정당 대리인 도장, 인주, 인주 묻은 장갑, 백지 투표용지 1500여 장을 찾아내 오후 4시경부터 부정 투표에 항의하는 농성에 돌입했다.

나는 학교 주변에서 술만 축내다 대자보로 소식을 알았다. 조직의 참가 지시도 없었거니와 투표 결과도 뻔히 예상됐고 무엇보다 민중 후보가 사퇴한 뒤라 내 싸움이 아니라는 생각이 들어 주저했다. 하지만 딱히 할 일이 없는데다 울고 싶은

데 뺨 때려 준 상황이었다. 결국 복잡한 심사를 한 방에 정리해 줄 데모 갈증이 발길을 구로구청으로 이끌었다. 후배 한 명과 저녁 여덟 시쯤 현장에 도착했다.

구로구청은 구로경찰서와 담장 하나를 사이에 두고 맞닿아 있었다. 경찰이 경비만 설 뿐 출입을 제지하진 않았다. 부정 투표함을 지키는 사람, 장작불을 지피고 얘기를 나누는 사람, 마당에서 열리는 집회에 참석하는 사람 등 구청 건물, 마당, 도로에 수천 명이 모여 있었다. 언뜻 봐도 학생보단 시민이 훨씬 많아 보였다. 부정 선거로 박정희, 전두환 군사 독재가 노태우에게 연장될지도 모른다는 불안감을 시민들이 먼저 체감하고 있는 듯했다. 1층부터 5층 강당까지 시민들이 빼곡했다. 후배는 막차로 돌아가고 난 장작불 옆에서 꼬박 날을 샜다.

밥 사먹을 돈도 떨어지고 추위에 지쳐 아침에 자취방으로 돌아와 곯아떨어졌다. 저녁 늦게 다시 합류할 계획이었으나 친구의 술 유혹에 빠져 포기했다. 구청엔 여전히 수천 명이 선거 무효 투쟁을 선언한 채 농성장을 사수하고 있었다. 지금처럼 인터넷과 SNS가 있었다면 투쟁 규모와 파급 속도가 상상할 수 없을 만큼 배가됐을 것이다. 다음날 서울시청 앞에서 열릴 계획이던 국민대회는 이튿날 아침에 자행된 경찰의 잔인한 폭력 진압으로 무산되고 말았다.

18일 새벽 여섯 시, 경찰 28개 중대 4500명이 농성장을 덮쳤다. 경찰이 경찰서 옥상과 지상에서 지랄탄, SY44, 사과탄을 난사하며 밀어닥쳐 1층부터 5층까지 차례대로 점령했다. 노태우에게 충성 경쟁을 하려는 듯 일선 경찰서 간부들과 서장까지 직접 사과탄을 던지며 육탄 돌격에 나섰다. 시위대가 각 층에 설치한 바리게이트도 경찰의 월등한 물리력 앞에 무용지물이었다. 화상, 골절은 물론 5층에서 추락해 하반신 마비가 된 이도 있었다. 경찰의 옥상 진입을 화염병과 지붕 기와 조각으로 네 차례나 저지했지만 옥상에서 최후까지 분투하던 이들도 8시 30분쯤 모두 연행됐다. 이날 투쟁으로 1034명이 연행되었고, 그 중 208명이 구속됐다.

경찰이 구청에 진입하는 순간 밖에서도 격렬하게 싸웠다. 구로중학교 앞에선 연행자를 이송하기 위해 동원된 경찰 버스 넉 대를 불태웠고, 도로에 기름을 뿌려 불을 붙인 채 싸웠다. 가두시위는 오후까지 이어졌다. 나와 일행은 구로구 소재 파출소를 타격했다. 여러 파출소가 우리 먹잇감이었다. 부정 선거를 규탄하는 가두시위는 19일에도 계속됐고 부산, 광주, 목포, 대구, 마산, 여수, 순천, 수원 등으로 확산됐다. 전국에서 열다섯 개 파출소가 불탔고 심야 시위가 벌어진 곳도 있었다. 전남 지역에선 다섯 개 고등학교 학생들이 교문 밖으로 진출해 가두시위에 나섰다. 하지만 패배의 충격에서 헤어나지 못한 야권과 이를 추종하는 일부 민주 세력은 팔짱 끼고 쳐다만 볼 뿐 투쟁에 합류하지 않았다.

2013년 국정원이 선거에 개입한 사실이 드러났음에도 자칭 민주 세력이라고 하는 보수 야당의 무기력한 대응은 26년 전이나 지금이나 똑같다. 이들은 인민의 분노를 적당히 관리하고 선거 시스템 내에서 통제하려 들 뿐이다. 판이 깨져 선거로 자기들이 정권을 잡을 기회가 사라지는 것을, 인민들이 선거 시스템 밖으로 뛰쳐나가는 것을 그 누구보다 두려워한다. 부정 선거 진상 규명을 위한 구로구청 점거 투쟁은 훗날 민주화운동으로 인정돼 명예 회복과 보상이 이뤄졌다. 하지만 그날의 진실은 아직도 우리 곁으로 오지 않았다.

평민당사
점거농성

─────── 13대 총선을 앞둔 88년 2월이었다. 6월항쟁이 끝나고 치른 대선에서 노태우가 당선되고 김대중과 김영삼은 평화민주당과 통일민주당으로 나뉘어 총선을 준비하고 있었다. 겨울바람이 매섭게 불던 야밤에 성균관대학교 총학생회실에 서울 지역 10여개 학교 학생 수십 명이 모였다. 행동 지침을 전달받고 그곳에서 하루를 묵었다. 다음날 새벽에 두 패로 나뉘어 여의도 평민당 와 서부역 민주당 으로 출발했다.

평민당사는 여의도백화점 6층에 있었다. 엘리베이터와 계단을 이용해 당사로 진입해 곧바로 성명서를 발표하고 점거 농성을 시작했다. '정당후보연기투표제 독일식비례대표제 로 민주 국회 쟁취하자'를 내걸고 김대중 총재 면담을 요구했다. 처음엔 당직자들도 호의적이었다. 수고한다는 말을 건네기도 하고 음식물도 나눠 주었다. 민주당으로 갔던 동지들은 그야말로 개고생이었다. 점거 농성을 시작하자마자 당직자와 당원들이 도끼로 문을 부수고 들어와 농성을 하는 대학생들을 끌어냈다. 그걸로 끝이었다. 타격조가 출동해 화염병으로 응징하는 것으로 민주당 점거 농성은 상황이 종료됐다.

나는 점거 농성을 하는 줄 몰랐다. 하루면 된다는 말을 믿고 갔기에 칫솔과 속옷을 준비하지 못했다. 사나흘이 지나자 속옷을 갈아입지 못해 찜찜함을 호소하는 사람들이 생겼다. 그렇다고 다른 방도가 있는 것도 아니었다.

매일 당사 1층에서 지지 집회가 열렸다. 난 지지 집회를 마치고 돌아가는 여자 친구의 뒤통수에 대고 외쳤다. "○○야, 성적표 집으로 가지 못하게 해. 니가 우리 과사무실 가서 가로채." 당시만 해도 어쩔 수 없이 성적을 걱정해야만 하는 학생이었다.

닷새쯤 지나자 당직자들의 언행이 거칠어졌다. 그만하면 됐으니 나가라는 말과 함께 욕을 퍼부었다. 단식으로 투쟁 수위를 높였다. 이제 고백한다. 투쟁 상황을 알리기 위해 농성장 밖으로 나다니는 사람들은 농성 지휘부의 허락 하에 밥을 먹었다. 물론 나도 먹었다. 위험했지만 오직 먹기 위해서 밖으로 나가는 일을 자청한 적도 있다. 열흘이 지나도록 김대중은 코빼기도 비치지 않았다. 뭔가 결단이 필요했다.

농성 12일째였던 것으로 기억한다. 총재실을 점거하기로 했다. 하지만 연청새시대새정치연합청년회에 가로막혔다. 총재실 앞에서 연좌시위에 들어갔다. 구호를 외치기 시작한 지 한 시간쯤 흘렀을까? 조폭 스타일의 덩치들이 농성자들의 뒷목 머리카락을 잡아당겨 한 명씩 끌어내기 시작했다. 당해 보지 않은 사람은 모른다. 거기를 잡히면 천하장사라도 버틸 수 없다. 맞을 때 맞더라도 맞장이라도 뜰 수 있다면 좋으련만 절대 대응하지 말라는 지침이 있었던 터라 바닥에 질질 끌려가면서 울 수밖에 없었다.

끝내 그 잘난 김대중 총재님의 존안은 뵙지도 못한 채 당사에서 해단식이 열렸다. 해단식 말미에 총재님께서 주신 돈이라면서 목욕이라도 하라고 봉투를 건넨 당직자가 있었다. 욕지기가 올라왔다. 마치 '정치 동냥'하러 온 것 같은 참혹한 기분이 들었다. 굴욕감에 치를 떨었다. "내 앞으로 너희 자유주의 세력과 상종하면 개새끼다." 속으로 마음을 다졌다.

농성 내내 농성단 내부에서 논쟁이 벌어졌다. '파쇼 권력 하에서 야당이 다수가 된다고 그걸 노동자 민주주의라고 할 수 있는가?'가 쟁점이었다. 되돌아보면 이 논쟁은 다음 상황을 미리 예고하는 것이었다는 생각이 든다. 농성 이후 88년 5월, 내가 소속됐던 조직은 둘로 쪼개졌다. 난 왼쪽을 선택했다.

1988년 4월 26일 실시된 13대 총선에서 노태우의 민정당이 125석, 김대중의 평민당은 70석, 김영삼의 민주당이 59석, 김종필의 공화당이 35석을 차지해 여소야대 국회가 탄생했다. 하지만 2년 후인 1990년 1월 22일, 민정당·민주당·공화당이 합당해 새누리당의 전신인 민자당을 만들었다. 불행하게도 우리의 정당지형은 거의 30년 동안 변하지 않았다.

삼성 본관 타격과
전경 친구

———————— "내 눈에 흙이 들어가기 전에 노조는 안 된다."

삼성 이병철 초대 회장이 한 유명한 망언이다. 삼성은 이병철 회장의 무노조 경영 유지를 금과옥조로 떠받든 채 수십 년 간 해고, 징계, 미행, 휴대전화 위치 추적 등 온갖 탈법을 총동원해 노동자들의 노조 설립과 활동을 방해했다.

1988년 4월, 삼성중공업 거제조선소 노동자들이 '민주노조쟁취위원회'를 결성하고 노조 설립 신고서를 제출했지만 '누군가'가 한 발 앞서 신고서를 제출해 노조 설립이 무산됐다. '누군가'는 회사의 사주를 받은 '어용'이었다. 이후 상황도 항상 마찬가지였다. 그 시기 삼성 노동자의 노조 설립을 지원하기 위해 기획된 투쟁이 있었다.

삼성 본관 내부를 답사하는데 청바지 입고 갈 순 없는 노릇이라 지금은 필리핀에 살고 있는 후배한테 양복을 빌렸다. 크기가 안 맞아 누가 봐도 엉성해 보이는 옷차림으로 대한문과 남대문 사이 태평로에 있는 삼성 본관을 찾았다. 출입증 검사가 없어서 경비의 눈에 이상하게 보이지만 않으면 자유롭게 드나들 수 있었다. 모든 층을 다 확인하고 싶었지만 도둑이 제 발 저린 탓인지 구석구석 꼼꼼하게 살피지는 못했다. 답사하면서 안 사실인데 당시 인기 좋은 프로야구 팀 '삼성 라이온즈'도 본관에 입주해 있었다.

퇴로가 마땅치 않아 내부 타격은 어렵겠다고 결론짓고, 대신 외부 타격 계획을 수립했다. 전투조 이십여 명과 함께 서울시경 현재 그 자리엔 호텔 신축 공사가 한창이다. 을 끼고 북창동 골목을 통해 삼성 본관 건너편 주차장 건물에 도착해 가방을 열었다. 노조 설립을 탄압하는 삼성을 규탄하는 유인물을 거리에 뿌리고 양손에 꽃병 화염병 을 하나씩 들고 태평로를 가로질러 본관 정문을 향해 내달렸다. 타격하고 의기양양 뒤돌아서는데 전경이 바로 코앞에 있었다. 남들은 한 개 던지고 퇴각했지만 난 두 개를 던지느라 지체한 것이 화근이었다. 전경이 그렇게 빨리 출동할 줄은 꿈에도 몰랐다. 근처에서 경비를 서던 전경들이었다.

뒈지게 맞으면서 나를 포함하여 몇 명이 닭차 경찰버스 에 끌려 들어갔다. 이 순간 무엇을 해야 하는지 생각하려 했지만 아무 생각도 떠오르지 않았다. 그 때 누군가 내 이름을 부르는 소리가 들렸다.

"은탁이 아녀?"

돌아보니 한 전경이 헬멧을 벗으며 놀란 눈으로 나를 바라보고 있었다. 낯익은 그를 나도 한눈에 알아봤다. 중학교 때 같은 반 짝궁이었다. 학교 졸업 후 처음 보는데 하필이면 적(?)으로 만나게 될 줄이야. 그때 친구가 갑자기 귀에 대고 속삭였다.

"경찰서에 가서 인도에 서 있다가 연행됐다고 말해. 그럼 내가 알아서 할 테니까."

자세한 애긴 나눌 틈이 없었다.

우리는 남대문경찰서로 옮겨졌다. 나는 지나가는 사람을 연행해도 되느냐고 억울함을 호소하며 고래고래 소리를 질렀다. 형사가 나를 연행한 전경을 불렀다. 친구가 불려 와서 내 말이 맞다고 증언했다. 친구는 형사한테 엄청 깨졌고 난 동지들을 남겨둔 채 먼저 풀려났다. 변변한 연락처도 없는 처지여서 그날 이후 친구와 연락은 물론 한번도 만나지 못했다. 본관을 공격당한 삼성은 얼마 후 본관 1층 전면에 유리벽 구조물_{보호 장벽}을 세웠다.

어제 삼성전자 반도체 공장에서 일했던 노동자 두 명이 추가로 숨졌다는 기사를 읽었다. 지금까지 확인된 사례만 쉰여덟 명이다. '죽음의 공장'인 셈이다. 그럼에도 눈 하나 꿈쩍하지 않는 삼성에 대한 우리의 대응은 놀라울 만큼 유순하다. 불과 20년 전만 해도 자본을 물리력으로 응징하는 투쟁이 상식이었는데, 요샌 죽음을 운명으로 받아들이고 있는 것은 아닌지 우리 모두 되돌아볼 일이다.

2013년 7월 14일 삼성전자서비스 비정규직 노동자들이 노조를 설립하고 투쟁에 나서자 삼성은 회유, 협박, 감시, 일감 줄이기, 폐업 등으로 대응하며 노동자의 당연한 권리인 노조 설립을 탄압하고 있다. 이 과정에서 염호석, 최종범 조합원이 목숨을 끊었다. 이병철 눈에 흙이 들어간 지도 26년이 흘렀다. 투쟁 현장에서 삼성 민주 노조 깃발이 나부끼는 모습을 보고 싶다. 온갖 탄압과 방해에도 꿋꿋하게 투쟁하고 있는 삼성전자서비스노조에 관심을 가져 주기 바란다.

삼성에 노동조합을!

조화 弔火로
박래전을 보내다

　　　　　　　　1980년대 숭실대 인문대 학생회장 박래전을 기억하는가? 박래
전은 수배된 상태에서 숭실대 학생회관에서 숙식을 해결하고 있었다. 88년 6월
4일 그는 학생회관 옥상으로 향했다.

　"광주는 살아있다. 청년 학도여, 역사가 부른다. 군사파쇼 타도하자."

　박래전은 목청껏 외치며 몸에 불을 댕겼다. '학살 원흉 즉각 처단'이라 쓴 유
서가 발견되었다. 이틀 뒤인 6월 6일 박래전은 한강성심병원에서 숨을 거뒀다.
다음날 그의 시신은 숭실대 대강당에 안치됐다.

　나는 곧바로 숭실대로 달려갔다. 장례위원회가 7일장으로 치르겠다고 발표
했다. 한편으로는 장례를 준비하면서 다른 한편으로는 투쟁을 이어갔다. 6월 10
일 연세대에서 '남북청년학생체육회담' 집회가 예정되어 있었다. 후배들과 6월
9일 연세대에 진입해 다음날 교문 투쟁과 거리 투쟁에 참가했다. 숭실대로 되
돌아갈 걸 생각해 6월 10일 가투는 서울역에 집중했다. 홍제동에서도 가투가
벌어졌으나 참여하지 않고, 그날 밤 숭실대로 복귀했다. 이틀간 숭실대에 머물
며 낮엔 문화제와 토론회를 진행하고 밤엔 숭실대삼거리로 진출해 횃불 시위

를 펼쳤다. 박래전 열사는 생전에 학생회관 앞 민주동산에 묻히고 싶다고 말했으나 숭실대 당국이 거부의 뜻을 밝혔다. 하는 수 없이 장지를 마석 모란공원으로 변경했다.

6월 12일 오전 숭실대 운동장에서 장례식을 치렀다. 가슴에 한자로 '擊 격, 부딪치다 자가 새겨진 흰색 셔츠를 입은 질서 유지대 수백 명이 운구차를 호위했다. 명목만 질서 유지대였지 실제는 전투조였다. 질서 유지대 전원이 검은색을 칠한 각목을 들고 있었다. 전투를 위한 무기였다.

운구 행렬은 숭실대를 출발해 신문로 구 서울고 자리에서 1차 노제를 치렀다. 거긴 87년 민중후보 수락 연설회가 열렸던 곳으로, 박래전 동지가 민중후보학생선대위에서 활동했기에 인연이 깊은 곳이었다. 2차 노제는 서울시청 앞에서 진행됐다. 시청에서 노제를 마친 운구 행렬은 종각, 안국동, 대학로, 종로5가, 청량리를 거쳐 마석으로 향했다.

운구 행렬이 종각을 떠나 안국동으로 향할 때 우린 뒤를 따르지 않았다. 최소 인원만 운구차를 따르고 나머지 질서 유지대는 곧바로 전투조로 재편됐다. 질서 유지대가 들고 있던 각목은 경찰과 맞서는 무기로 제자리를 찾았다. 운구차를 뒤따르던 차량에 숨긴 화염병이 도로에 내려지면서 전투가 시작됐다. 먼 길 떠나는 동지를 조화弔花 로 배웅할 수 없었다. 서울 시내 한복판에서 조화弔火, 추모의 화염병를 피우는 것이야말로 동지를 추모하는 길이라 생각했다. 최루탄을 쏘는 경찰에 맞서 경찰 트럭을 불태우며 종각에서 안국동 방향으로 진격 투쟁을 벌였다.

지금은 조화 弔花 만 남고 조화 弔火 가 없는 시대다. 우린 동지들을 제대로 추모하고 있을까? 무겁게 되돌아봐야 한다.

2000년대 들어서서야 박래전 동지의 죽음은 민주화운동으로 인정되었다. 2003년 국가가 지급한 보상금은 인권 운동가인 그의 형 박래군을 통해 '인권재단사람'에 기탁됐고, 지금은 '인권중심사람'을 통해 박래전 열사의 뜻이 이어지고 있다. 그는 여전히 우리 곁에서 싸우고 있는 것이다. 박래전 열사의 유고시를 꺼내 읽는다.

동화 冬花

당신들이 제게 돌아오지 않을 것을
아는 까닭에
저는 당신들의 코끝이나 간지르는
가을꽃일 수 없습니다.

제가 돌아오지 못한 것을 아는 까닭에
저는 풍성한 가을에도 뜨거운 여름에도
따사로운 봄에도 필 수 없습니다.
그러나 떠나지 못하는 건

그래도 꽃을 피워야 하는 건
내 발의 사슬 때문이지요.

겨울꽃이 되어 버린 지금
피기도 전에 시들지도 모릅니다.
그러나 진정한 향기를 위해
내 이름은 동화冬花라 합니다.

세찬 눈보라만이 몰아치는
당신들의 나라에서
그래도 몸을 비틀며 피어나는 꽃입니다.

싸우지 않고
얻는 것은 없다

1988년 노태우 정권은 5공화국의 혈흔을 씻기 위해 두 가지 조치를 취했다. 5공 청문회 이는 여소야대의 영향이 컸다. 와 양심수 석방이었다. 88년 개천절에 양심수 50여 명을 석방하고 생색을 내던 노태우 정권은 민중 운동 진영이 전면 투쟁에 돌입한 뒤에야 추가 석방 조치를 취했다. 88년 11월 전두환이 사과 성명을 통해 재산 헌납을 발표하고 백담사로 몸을 숨긴 뒤에 있었던 일이다.

그해 12월 21일 통혁당, 남민전, 계엄 군법 사범, 구학련, 민민투, 자민투, 민추위, 반제동맹, 서노련, ML당, 5·3인천, 반제청년동맹, 다산보임, 노해동, 반미청년회, 조통특위, 서총련, 전대협, 남북학생회담 사건 관련자가 석방, 수배 해제됐다. 언론을 달궜던 무시무시한 조직들과 문부식, 김현장, 장기표, 윤성구, 김성식, 민병두, 김광철, 김영환, 김철수, 최민, 권용묵, 강기정, 최규엽, 정종소, 김남주, 안재구, 박충열, 진용주, 임동규, 박종운, 백태웅, 이옥순, 백원담 등 281명이 포함됐다.

88년 12월 27일 '광주학살·부정비리 책임자 처벌 및 구속자 전원 석방 쟁취를 위한 석방자 대회'가 연세대 강당에서 열렸다. 많은 이들이 입가에 미소를 머금은 채 몰려들었다. 감옥에 갇히거나 수배당한 동지들을 만날 수 있다는 벅찬 기대 때문이었다. 웃음과 눈물이 뒤섞인 자리였다. 기쁘고 반가워서 웃고 울었고 안타까운 소식에 또 다시 울음을 삼켜야 했다.

미묘한 신경전이 펼쳐지기도 했다. 석방자를 한 명 한 명 소개할 때 '강철서신'의 김영환 차례가 되자 한쪽의 박수와 환호성이 유독 커졌다. 뒤질세라 '제헌의회' CA의 최민 차례에선 다른 한쪽에서 박수와 환호성을 키웠다. 하지만 한 사람 앞에선 모두가 한목소리로 강당이 떠나갈 듯 환호성을 질렀다. 김남주 시인이었다. 수배 해제된 백태웅은 나타나지 않았다. 혹시나 해서 왔던 어머니가 울먹이며 "태웅아~ 태웅아~" 불렀지만 대답이 없었다. 백태웅은 당시 사노맹 남한사회주의노동자동맹 건설에 전념하고 있었다.

12월 21일 석방된 이옥순 서노련 은 출소하자마자 양심수 전원 석방을 외치며 과천정부종합청사에서 농성 투쟁을 벌이다 석방자 대회가 열리던 날 특수공무집행방해 혐의로 다시 구속됐다. 우린 석방자 대회를 마치고 곧바로 안양경찰서로 달려가 항의 농성을 벌였다. 감옥에는 서승, 양동화, 김성만 등 300여 명의 양심수가 여전히 갇혀있는 상황이었다.

김대중, 노무현 정권 이후 투쟁 전선의 변화를 반영하듯 구속, 수배되는 이들 중 다수가 노동(자)운동과 관련된 사람들이었다. 2~30년 전에는 대학생과 지식인, 민주 인사가 더 많았다. 최근엔 대한문분향소를 사수하던 쌍용차 김정우 지부장이 구속됐다. 희망버스와 관련하여 박근혜 정권은 무려 62명에게 소환장을 발부했다. 많은 동지들이 쫓기고 있는 상황이다. 광복절이 낀 8월이면 으레 사면 얘기가 오가기 마련인데 올해엔 아무런 얘기가 없다.

'여름 징역 곱징역'이란 말이 있다. 그만큼 여름 옥살이가 힘들단 얘기다. 올여름은 유난히 덥다. 감옥에서 무더운 여름을 어렵게 견디고 있을 동지들에게 단비 같은 소식을 전할 수 없을 것 같다. 투쟁하지 못한 우리 탓이라 생각하니 그저 미안할 따름이다. 이젠 투쟁 현장에서마저 잊혀져가는 '구속 동지 구출가'를 속절없이 불러본다.

"아 당당한 형제여, 노동해방 투사여, 아 내 사랑 동지들이여, 투쟁으로 구출하리라."

성동격서
그리고 전교조의 탄생

──────── 자기소개란에 '1989년 5월 28일 출생'이라고 적힌 '전교조'와 오늘 페이스북 친구가 됐다. 친구가 되고 보니 전교조 창립일의 가슴 아팠던 기억이 떠오른다.

노태우 정권은 전교조의 결성을 두려워했다. 조합원 상당수가 교육공무원이기에 전교조 결성으로 공무원노조 건설의 물꼬가 트이는 걸 차단하려 했다. 아울러 반공, 독재이데올로기 전파 수단 교육 을 손에서 절대 놓으려 하지 않았다. 정권은 조합원 전원을 해직시키겠다고 으름장을 놓으며 언론을 동원해 전교조를 압박했다. 언론은 전교조가 교사를 기름투성이 노동자와 동급으로 전락시키는 불순한 빨갱이 집단이라고 매도했다.

결성식이 예정된 28일은 일요일이었다. 경찰은 금요일 저녁부터 결성식이 예정된 한양대 주변에서 검문검색을 강화하고, 결성식장은 물론 주변까지 철저히 고립시키는 작전을 폈다. 토요일 아침이 되자 학교를 원천봉쇄하고 학생증, 교직원증 소지자까지도 출입을 막으려 했다. 수배 상태였던 난 며칠 전부터 학생회관에 머물고 있었다. 결성식 당일 한양대 주변은 적막강산이었다. 지하철은 한양대역을 무정차로 통과했고 버스도 왕십리와 화양리에서 노선을 틀어 운행하는 바람에 택시와 일부 승용차 외에는 학교 부근으로 차가 다니지 않았다.

그래도 틈은 있었다. 토요일 밤부터 선생님들이 한 명 한 명 봉쇄를 뚫고 학교로 진입했다. 사실 그러나, 한양대는 결성식 공개 장소였고 비공개 장소는 따로 있었다. 그럼에도 결성식 당일 한양대로 모여드는 선생님들이 있었다. 별도로 전투 준비를 하지 않은 상태였지만 우린 즉석에서 전투조를 꾸려 상황에 대처했다. 학교에 널린 게 전투 물량이었다. 택시를 타고 정문 맞은편에 내린 선생님이 도로를 건너뛸 때 쇠파이프로 무장한 우리가 달려 나가 선생님의 뒤를 쫓는 전경을 타격하는 방식으로 진입을 도왔다.

25년이 흐른 지금도 잊히지 않는 장면들이 있다. 황급히 도로를 건너다 오토바이에 치어 절룩거리며 학교를 향하던 선생님을 학생들이 뛰쳐나가 부축해서 학교로 진입시켰다. 진입에 성공한 한 선생님은 한마당 한양대 학생회관 앞 광장 에서 제자를 만나기도 했다. 선생님은 울먹이는 새내기 제자를 안고 등을 토닥였다. 새내기는 선생님의 품에서 오래도록 흐느꼈다. 정권이 경찰 병력을 대거 학내로 투입했다. 사복형사, 백골단, 전경이 사방에서 달려들었다. 학생회관과 한마당에 있던 200여 명의 선생님은 저항하지 않았다. 경찰이 선생님들에게 고개를 숙인 채 앞사람의 허리를 잡게 해 굴비 엮듯 끌고 갔다. 난 건물에 숨어 숨죽이며 연행을 지켜볼 수밖에 없었다.

전교조는 동쪽에서 소리를 지르고 서쪽을 치는 성동격서聲東擊西 전술을 구사했다. 당일 전교조 조합원 주력은 건국대에 집결했고 성균관대에도 일부가 모였다. 그 사이 집행부는 연세대에서 무사히 결성식을 치렀다. 건국대에 모인 선생님들은 보고대회를 열었다. 이날 투쟁은 조합원을 나눠 경찰 병력을 분산시킨 전술의 승리였다.

민주와 인간화를 위한 참교육은 아직 현재진행형이다. 전교조 창립 선언문은 그러므로 오늘도 여전히 유효하다.

"겨레의 교육 성업을 수임 받은 우리 전국의 40만 교직원은 오늘 역사적인 전국교직원노동조합의 결성을 선포한다.

오늘의 이 쾌거는 학생, 학부모와 함께 우리 교직원이 교육의 주체로 우뚝서겠다는 엄숙한 선언이며 민족 민주 인간화 교육 실천을 위한 참교육 운동을 더욱 뜨겁게 전개해 나가겠다는 굳은 의지를 민족과 역사 앞에 밝히는 것이다. (중략) 그러나 보라, 민족사의 대의에 서서 진리와 양심에 따라 강철같이 단결한 40만 교직원의 대열은 저 간악한 무리들의 기도를 무위로 돌려놓을 것이다. 우리가 두려워하는 것은 저들의 협박과 탄압이 아니라 우리를 따르는 학생들의 해맑은 웃음과 초롱초롱한 눈빛 바로 그것이기 때문이다."

벌벌 떨며
혈서 현수막을 쓰다

"身體髮膚는 受之父母라 不敢毀傷이 孝之始也요."(신체발부 수지부모 불감
훼상 효지시야 / 사람의 신체와 터럭과 살갗은 부모에게서 받은 것이니, 이것을
손상시키지 않는 것이 효의 시작이다.) – 효경(孝經)

중학교 시절 한문 선생님한테 손바닥을 맞아가며 외운 공자의 가르침이다. 얼
마나 독하게 외웠던지 지금도 또렷하게 기억하고 있다. 어렸을 때 병원에 가면
주사보다 몇 배 더 무서웠던 게 피를 뽑는 거였다. 병원 문을 들어설 때마다 차
라리 주사 몇 대 더 맞더라도 피만 뽑지 않으면 좋겠다는 생각을 하곤 했다.
그런 내가 손가락에 스스로 칼을 댄 적이 있다.

1989년 연세대에서 메이데이 100주년 투쟁을 할 때였다. 전국학특위 좌파학생
단체 소속 대학생들이 도서관 앞에서 집회를 열었다. 경찰의 원천 봉쇄를 피하기
위해 2박 3일 투쟁을 각오하고 사전에 학교에 진입해 각종 행사와 집회를 열고
있었다. 노동절 100주년을 기념하기 위해 붉은 기 100개를 들고 교문박치기도
했다. 이틀째 대표단 회의에서 제안된 혈서 투쟁 방식에 대해 난 극렬하게 반대

했다. 하지만 목소리 큰 사람들에게 눌렸다. 다음날 시멘트 바닥에 누런 광목천을 펼친 채 각 학교 특위 특별위원회 장들이 각자 미리 정해진 글자 앞에 자리를 잡았다. 글자는 '노동해방 노태우정권 타도'였다.

난 바들바들 떠는 손과 찡그린 얼굴을 보이지 않으려고 고개를 푹 숙였다. 살얼음판에 발을 내딛는 심정으로 조심스럽게 면도칼로 손가락을 그었다. 서툴고 너무 겁을 먹은 탓에 원하는 만큼 피가 나오지 않았다. 글자 크기에 비해 턱없이 양이 부족했다. 몇 차례 더 긋고 나서야 할당된 글자를 채울 수 있었다. 하지만 나만 썼다고 끝난 게 아니었다. 내 바로 옆에 전주에서 온 특위장도 피가 모자라 쩔쩔매고 있었다. 일찍감치 일을 마치고 지켜보던 이화여대 특위장이 성큼 옆으로 다가가 전주 특위장의 손가락을 잡더니 망설이 없이 면도칼을 댔다. 곁에서 지켜보던 내가 무서울 정도로 과감하고 신속했다. 이번엔 도리어 피가 넘쳐서 문제였다. 이날 혈서 쓰는 장면이 한겨레신문 사회면에 대문짝만하게 실렸다. 글자를 완성한 우리는 현수막을 앞세우고 거리 진출을 시도했다.

애기가 여기서 끝났으면 훈훈한(?) 결말이었겠지만 결론은 그렇지 않았다. 교문박치기가 한창일 때 전주 특위장이 세브란스병원 응급실에 갔다는 애기가 들렸다. 너무 많이 찢어져서 지혈이 되지 않았기 때문이었다. 손가락을 꿰매고 복귀한 전주 특위장의 안색이 지금도 눈에 선하다. 그날 이후 그 어떤 상황에 떠밀린다 해도 다신 혈서 투쟁은 하지 않겠다고 작심했다.

2주 전쯤 페이스북 친구가 된 분이 있다. 친구 신청에 응하고 그분 담벼락을 훑다가 깜짝 놀라 인터넷을 검색했다. 지역, 나이, 학교, 경력, 인터뷰 내용 등을 종합해보니 그날 손가락을 꿰맨 분 국회의원인 것 같았다. 설사 그분이 아니더라도 그날 손가락을 꿰맨 분을 알고 있을 게 분명했다. 손가락에 흉터가 남진 않았는지 모르겠다. 그날 손에 쥔 면도칼을 생각하면 지금도 머리카락이 쭈뼛쭈뼛 서고 모골이 송연해진다.

　　면도칼은 면도할 때만 쓰는 게 효의 시작이다!

치안본부를
점거하다

──────── 지난 2012년 대통령 선거 과정에서 경찰이 경호는 못할망정 노동자 대통령 후보와 선거 운동원들을 폭행하는 일이 두 번이나 벌어졌다. 그것도 한 번은 버젓이 경찰청 앞에서 벌어졌다. 화를 주체하기 힘들었다. 89년 치안본부서대문, 현 경찰청 점거 투쟁이 있었다. 그날을 생각하니 분이 좀 풀리는 듯했다. 매번 당하고만 살지 않으리라는 것을 저들도 똑똑히 기억했으면 한다.

1989년 봄 치안본부를 점거하기로 결정했지만 문제는 답사였다. 외부 답사는 가능했지만 청사 안을 살필 수 없었다. 건물 내부 구조를 꼼꼼하게 파악하지 못했지만 그래도 강행하기로 했다. 개별 집결지, 동선, 대략적인 건물 구조, 진입 루트, 전투 물량 반입 등을 점검하는 것으로 계획을 마무리했다. '민중운동탄압분쇄 및 노학연대를 위한 특별위원회'1989년 4월 말에 결성된 좌파 학생특별위원회로 노동절 100주년을 맞아 동맹 휴학을 제안하며 싸웠다. 소속 고려대, 서강대, 서울대, 숙명여대, 이화여대, 한양대 등 학생 16명이 전날 연세대 학생회관에 집결해 결의를 다졌다. MBC 'PD수첩'의 한**PD도 대원 가운데 한 명이었다. 이튿날 사용할 전투 물품화염병, 쇠파이프, 망치, 각목과 택전술을 최종 점검하고 그곳에서 하룻밤을 묵었다.

당일 내 역할은 투쟁 상황이 언론에 보도되도록 하는 일이었다. 난 신문사 기자를 대동하고 대원들보다 먼저 현장으로 출발했다. 보안을 유지하기 위해 기자에게도 가보면 안다며 목적지를 알리지 않았다. 치안본부 정문이 보이는 건너편에 도착해 몸을 숨긴 채 마음속으로 초를 쟀다. 89년 5월 22일 오전 9시 15분, 전경으로 위장하려고 머리를 짧게 깎은 학교 후배가 치안본부 정문 앞에 나타났다. 사전 각본대로 위병에게 뭔가를 묻는 척하던 후배가 품안에서 쇠파이프를 꺼내 위병을 밀쳐냈다. 그것이 신호였다. 거닐거나 주변에 몸을 숨기고 있던 대원들이 순식간에 달려와 쇠파이프로 민원실 회전문을 부쉈다. 정문과 민원실을 통해 본관에 진입한 대원들이 2층 복도를 점거하고 도로 쪽 유리창을 깬 뒤 '민중운동 탄압하는 공안합수부, 공안합동수사본부. 공안정국을 조성하기 위해 안기부, 검찰, 경찰, 보안사 등을 망라해 만든 기구로 당시 검찰총장이었던 김기춘이 주도했다. 안기부, 치안본부 해체하라'라는 문구가 적힌 현수막을 내걸고 구호를 외쳤다.

9시 30분 진압 경찰 100여명이 투입됐다. 대원들이 던진 화염병이 마당에서 불을 뿜었다. 십여 분 뒤 온몸으로 저항하던 열여섯 명 전원이 마당으로 끌려나왔다. 서울대 영화동아리 얄라셩 회원들이 도로 건너편 승용차 안에서 창문을 조금 내리고 투쟁 과정을 촬영하다 경찰에 발각돼 연행되는 불상사가 생겼다. 나와 기자는 회사원처럼 보이려고 정장차림을 한 채 투쟁 과정을 두 눈으로 직접 확인하고 경찰의 검문을 피하기 위해 황급히 현장을 벗어났다. 대동했던 기자가 이튿날 신문에 기사를 실었다.

이후 각 학교에서 투쟁 보고대회가 열렸다. 학생특별위원회 의장이었던 김*공안합수부의 수배를 받고 있었다.은 당일 학교에서 보고대회를 열고 교문박치기를 하다 현장에서 연행돼 구속됐다.

그날 이후 지금까지 얼굴 한번 보지 못한 대원들이 많다. 구속될 게 분명한 투쟁 전술을 세우고, 그 투쟁에 자원하고, 당일 함께 한 동지들을 믿고 계획을 차질 없이 수행한 대원들에게 뒤늦게 경의를 표한다.

후배들의 승리,
군사 교육이 없어졌다

——————— 고등학교 졸업하면 교련복을 안 입는 줄 알았다. 전교생이 몇 달을 준비해 뙤약볕에서 M1 고무 소총을 들고 사열, 분열하는 미친 짓을 대학에선 하지 않을 줄 알았다. 사회를 몰라도 너무 몰랐다. 막상 입학하고 보니 대학에도 교련은 있었고 고등학생 때보다 더 악랄했다.

박정희와 전두환은 감수성 예민한 고등학생은 물론 대학생에게도 전쟁 연습을 시켰다. 그뿐이 아니었다. 교련은 정규 필수 과목이어서 반드시 학점을 따야 했다. 학점을 받지 못하면 군대에 끌려가야 했으니 수업을 빼먹을 엄두도 내지 못하는 분위기였다. 데모하다가도 교련 시간에는 출석을 해야 했다. 1학년 땐 문무대 성남육군종합행정학교에서 1주일, 2학년 땐 전방 부대에서 1주일 간 전쟁 기술을 익히면 3개월 군복무 단축 혜택(?)을 줬다.

군사 훈련은 학생들에게 공공의 적이었다. 폐해도 나열하기 힘들만큼 많았다. 폭력에 순응, 상명하복, 국가주의, 획일화, 사상과 양심의 자유 부정, 학교와 사회의 병영화, 반공안보주의, 비판의식 말살, 체제유지…… 교련반대투쟁이 일어나지 않을 수 없었다. 70년대 초반 반짝했던 투쟁의 불씨가 80년대 중반 전국의 대학으로 들불처럼 번졌다. 광주학살의 주범 전두환, 노태우 군사정권에 대한 증오심이 투쟁을 더욱 증폭시켰다.

크고 작은 투쟁이 있었지만 그중에서도 86년의 두 사건이 봇물을 텄다. 4월 초 성균관대 2학년 학생 500여 명이 전방 입소를 거부한 채 학교를 점거하고 철야 투쟁을 이어갔다. 교내에 경찰이 진입하고 학생들은 건물 옥상에서 화염병으로 맞서는 장면이 TV 뉴스를 통해 전국에 방송됐다. 4월 말에는 신림사거리에서 가두 시위를 벌이던 서울대 이재호, 김세진 학생이 전방 입소 철폐를 외치며 분신해 5월에 숨을 거뒀다. 그해 대학 새내기였던 우리는 선배들이 건네는 담배, 사탕, 초콜릿을 받고 요식 행위로 학교에서 몇 시간 버티다 문무대행 관광버스에 올랐다. 얼마 후 선배들도 마찬가지로 버티는 시늉만 하고 전방 부대로 출발했다.

해가 바뀐 87년, 남영동 대공분실에서 고문으로 숨진 박종철 열사를 기리는 대규모 집회가 2월 7일과 3월 3일 전국에서 열렸다. 정국은 언제 터질지 모르는 시한폭탄이었다. 때마침 전방 입소일이 다가오고 있었다. 86년보단 투쟁 열기가 높았다. 중앙도서관에서 철야 농성에 돌입했다. 입소하지 않을 경우 공무원은 물론 국가공인시험 응시 자격까지 박탈되는 상황이라 의대, 법대, 공대, 사범대생이 걱정됐다. 개인의 판단에 맡길 수밖에 없었다. 다음날 아침 끝까지 싸우기로 결심한 10여 명만 남고 하루 늦게 전방 부대로 모두 떠났다. 남아 있는 나는 갈 곳을 잃었다. 투쟁 동력도 남지 않았고 강의도 없었다. 술 마실 친구들도 없었다. 학교에서 이틀 자고 터벅터벅 걸어 자취방으로 향했다.

해가 바뀌고 드디어 후배들이 전방에 입소해야 하는 쌍팔년 88년 이 밝았다.

우리 때처럼 어물쩍 넘어갈 수 없었다. 정파가 다른 두 운동 조직이 합심해 꼼꼼하게 준비했다. 각 학과와 단과대 토론회, 강연회, 장기자랑, 교련복 소각식, 임진각 방문, 안산캠퍼스와의 연대 등의 행사를 열었다. 종종 입소 대상자 전원이 노천극장에 모여 결의를 다지기도 했다. 무엇보다 단과대별 경쟁이 힘을 발휘했다. 단식 투쟁에 돌입하는 과도 있었다. 내가 투쟁국장을 맡고 있던 사회대는 한양대 역사상 최초로 단과대 단독으로 화염병을 들고 교문박치기를 했다.

하지만, 우리 학교만 거부한다고 될 일이 아니었다. 입소를 거부한 후배들과 함께 시립대, 중앙대 등으로 대규모 원정 투쟁을 나갔다. 입소를 거부하는 학생들이 늘기 시작했다. 법의 실효성이 사라지고 있었다. 결국 노태우 정권은 그해 학원에서의 군사교육 철폐를 선언했다. 제도를 다수가 어겨 무력화시킨 투쟁이었다. 이재호, 김세진 열사의 죽음은 헛되지 않았다. 박정희에 의해서 1969년에 시작된 대학 교련은 후배들의 투쟁으로 20년 만인 1989년 역사의 뒤안길로 사라졌다.

전 세계의 양심적 병역 거부자 절대 다수가 지금 이 땅 교도소에 갇혀있다. 해방 이후 1만여 명의 여호와의 증인 신자가 양심을 지키기 위해 집총을 거부해 구속됐고, 오늘 이 시각에도 구속되고 있다. 오태양 씨는 불교도로서 병역을 거부했다. 평화를 외치며 병역을 거부하는 이들이 매년 하나 둘 늘고 있다. 교련 교육 반대를 질적으로 뛰어넘는 저항인 셈이다. 군 복무가 아닌 다른 방식으로 사회 구성원으로서의 역할을 하고 싶다는 이들에게 사회가 아무런 대안도 제시하지 않고 있다. 실형을 선고해 옥에 가두는 건 아직도 우리 사회가 병영 사회에서 벗어나지 못하고 있음을 반증한다.

2012년 4월 12일 최기원이란 청년이 구속됐다. 서울 은평구에서 진보신당^현노동당 선거운동을 하던 청년은 4월 11일 개표 참관인까지 마치고 다음날 곧바로 서울구치소에 수감됐다. 아래는 그 청년이 선거 기간에 남긴 트윗이다. 비록 청년의 바람이 이뤄지진 않았지만 올해 10월에 출소했을 땐 세상이 단 0.1mm라도 왼쪽으로 가길 간절히 바란다. 더 이상 미루지 말고 사회 복무제를 허하라!

"4월 11일은 제 생일입니다. 25일은 병역 거부로 수감될 예정인 날입니다. 선물로 큰 걸 받아보고 싶습니다. 청소년의 정치적 권리 같은 건 선물로 바라지도 않습니다. 그건 쟁취할게요. 제 생일 선물론 진보신당이나 녹색당 원내 정당화를 주세요!"

분노하라!

———————— "오월 그날이 다시 오면 우리 가슴에 붉은 피 솟네."

5월이 오면 80년대 대학 교정은 '오월가'와 최루탄 소리가 그치지 않았다. 5월의 분노는 4월 진달래꽃보다 더 진한 핏빛이었다. 돌, 화염병을 쥔 손의 힘줄이 유난히 굵어지는 달이었다. 내 가슴에 '5월'을 새긴 사연이 하나 더 있다. 광주가 피로 물든 5월에 이철규 열사의 시신 사진이 공개됐다. 89년 5월 16일이었다.

문익환 목사가 방북한 1989년은 노태우 정권의 폭압 통치가 극에 달한 해였다. 노태우 정권은 87년 6월항쟁과 노동자 대투쟁의 성과를 빼앗고 전세를 역전시키기 위해 민중 투쟁을 몽둥이와 군홧발로 잔혹하게 짓밟았다. 안기부는 여론을 의식해 공안 사건에 직접 개입하지 않는 것처럼 보이려고 새롭게 '공안합수부'를 만들어 탄압을 주도했다. 5월 3일 동의대사태가 벌어지자 언론과 정권은 학생운동 진영을 극렬 폭력 집단으로 몰아세우며 대대적으로 탄압했다. 정권은 '화염병처벌법'까지 만들었다. 5월 6일 평화 시위와 준법 투쟁을 선언한 전대협 전국대학생대표자협의회 은 급기야 11일 충남대에서 치를 발족식을 위해 시위 용품과 화염병을 학생처와 경찰에 반납, 폐기하는 깜짝쇼까지 펼치며 정권에 화해 제스처를 취했다.

그 무렵 시위 주도 혐의로 광주전남공안합수부에 쫓기던 조선대 교지편집장 이철규 동지가 행방불명된 지 일주일 만인 5월 10일 온몸에 멍이 들고 물에 퉁퉁 분 주검으로 광주 제4수원지에서 떠올랐다. 5월 16일 공개된 그 모습(사진)을 지금도 잊을 수가 없다. 숨이 붙어있는 한 잊지 못할 것이다.

이런 상황에서 5월 16일 성균관대에서 서민학련 서울지역민주주의학생연맹 발족식이 열렸다. 동의대사태 이후 대학가에서 화염병이 사라졌다고 언론이 대대적으로 떠들며 '비폭력'을 부르짖던 때였다. 우린 그날 화염병과 쇠파이프를 들었다. 죽어간 동지를 위해, 짓밟히는 민중의 생존권을 사수하기 위해, 존재 자체가 폭력인 권력의 본질을 폭로하기 위해, 운동 진영 내 기회주의 세력을 타격하기 위해 평소보다 오히려 더 많은 전투 물량을 준비했다.

난 투쟁결의문을 낭독하며 울었다. 이철규 동지의 감지 못한 눈이 떠올라 소리 내 울었다. "전대협의 비폭력 평화 선언은 파쇼 정권에 맞서는 민중들의 최소한의 방어적 물리력마저 포기한 항복이며 존재 자체가 폭력인 현 정권에 대한 굴종이다. 독재 대 반독재 구도를 폭력과 비폭력의 대결 구도로 몰아가려는 노태우 정권의 보수 대연합 전략에 놀아나선 안 된다. 개정 집시법을 준수하겠다는 것은 정권에 구걸하는 짓"이라고 선언했다.

거리로 진출하려면 교문을 돌파해야 했다. 경찰은 여론을 의식해 최루탄을 쏘지 않았다. 경찰과 언론의 의도에 말려들지 않으려면 최루탄을 쏘도록 만들어야 했다. 쇠파이프로 근접전을 펼쳤다. 저지선이 뚫릴 상황에 이르자 경찰도 최루탄을 난사하기 시작했다. 어둠이 깔리면서 부상자가 속출했다. 전투조를 지휘하던 나도 뒤에서 던진 아군의 돌에 맞아 팔이 부러졌다. 밤이 깊도록 싸웠다.

부러진 팔을 치료하기 위해 어둠을 이용해 성균관대를 빠져나와 내가 다니던 학교로 갔다. 당시 학교에서는 대동제가 열리고 있었고, 대동제 기간엔 으레 전투가 있었다. 나는 학교에서 싸우다 다친 것으로 위장하고 한양대병원을 찾았다. 거짓말은 금세 들통 났다. 의사와 간호사가 실실 웃더니 9시 뉴스를 통해 다 봤다고 했다. 대학생들이 다시 화염병을 들기 시작했다고 방송, 일간지, 스포츠 신문이 가리지 않고 대서특필했다. 뉴스에 대문짝만하게 나온 내 얼굴을 본 친척들이 고향집으로 전화를 걸어 한바탕 소동이 벌어졌다. 다시 89년 그날로 되돌아간다 해도 난 화염병을 들 것이다. 그때보다 훨씬 더 많이 준비해서.

투쟁하는 노동자가 스스로 목숨을 끊거나 몸을 불사르고 있지만 살인 자본을 그 즉시 응징하지 못하는 지금의 운동 현실이 가슴 아프다. 노동자의 죽음엔 자본에 대한 분노만 담겨 있는 게 아니다. 동지들의 침묵에 대한 분노, 무관심한 사회에 대한 분노, 자유·정의·평등을 떠들지만 억압·불의·차별이 횡행하는 걸 방치하는 거짓 투쟁에 대한 분노도 함께 담겨 있다. 우리의 무관심과 침묵이 자본의 탐욕을 키우고 동지들의 죽음을 부르고 있는 것이다

모든 투쟁은 분노에서 출발하지만 참여로 이어지지 않는 분노는 그 어떤 힘도 발휘할 수 없다. 동지들의 죽음에 제대로 분노하는 길은 참여를 통한 응징이다. 화염병을 들자는 얘기가 아니다. 그렇다고 들지 말자는 얘기도 아니다. 자본

을 효과적으로 타격할 수 있는 방법을 모색하고 실행하자는 얘기다. 자본을 공격할 수 있는 방법이 있다면 그것이 무엇이든 참여해서 분노로 응징하자! 이것이 '5월'을 가슴에 새기며 분노했던 우리가 지금 해야 할 일 아닐까?

얼마 전 타계한 영원한 레지스탕스 '스테판 에셀'은 인간을 이루는 기본 요소가 분노와 참여라고 했다. 그의 외침이다.

"레지스탕스의 유산과 그 이상들을 되살려 전파하라. 이제 총대를 넘겨받으라. 분노하라!"

양길투쟁을
아시나요?

————— 1987년 1월 14일 박종철 동지가 조직과 동지를 보호하려다 남영동 대공분실에서 물고문을 당해 사망했다. 그로부터 3년이 흐른 1990년 1월 14일, 15일 박종철 동지가 속했던 조직의 후배 동지들이 거리를 점거하고 노태우 정부를 상대로 싸웠다.

1990년 1월, 노태우 정권은 민정, 민주, 공화당의 합당 민자당 을 추진하면서 한편으론 전노협 건설에 박차를 가하고 있던 노동운동진영을 대대적으로 탄압했다. 전노협준비위 단병호 의장과 노조 간부에게 수배령을 내리고 투쟁 사업장에 잇달아 공권력을 투입했다. 또 13일엔 '노동해방문학' 노해문 을 압수 수색해 편집장, 편집부장을 강제 연행하고 발행인의 뒤를 좇았다.

정권의 탄압에 맞설 민중 진영의 투쟁이 필요한 시점이었다. 하지만 대학이 겨울방학에 들어가 쉽지 않은 상황이었다. 그렇다고 속수무책으로 당할 수는 없었다. 서민학련 서울지역민주주의학생연맹 이 1월 14일 '박종철 동지 3주기 추모제'를 기해 집중 투쟁을 펼치기로 결의했다. 한 번으로는 주의를 환기시키기 어렵다고 판단해 이틀 연속 가투를 하기로 했다. 학교별 투쟁 주체들이 일주일 이상 모여 기획안을 점검했다.

　1월 14일, 명동성당 들머리에서 박종철 열사 3주기 추모제가 열렸지만 경찰이 주변을 원천봉쇄했다. 수백 명이 폭력적으로 연행되는 상황에서 추모제를 치렀다. 예상했던 대로였다. 그러나 우린 다음 투쟁이 준비돼 있었다. 보안 수칙대로 개별적으로 명동을 출발해 다음 가투 장소로 이동했다.

　학생들이 성북구 길음사거리 주변에 흩어져 신호를 기다렸다. 타격조가 길음 파출소 문을 열고 화염병으로 내부를 타격하는 것이 전투 시작 신호였다. 타격조가 파출소에 걸린 노태우 사진을 떼어내 거리에서 불태웠다. 이번엔 내 차례였다. 사거리 한가운데로 나가 "노동 탄압 폭력 정권 노태우 정권 타도하자!"라는 구호를 외치자 500여 명이 일사분란하게 움직였다. 전투조가 종암경찰서 방향 도로에 바리게이트를 쳤다. 어둠이 깔리고 있었다.

　십여 분쯤 지나자 종암경찰서 소속 '전경5분대기조'가 철모를 쓰고 M-16소총으로 무장한 채 출동했다. 전혀 예상치 못한 상황이라 전투조가 당황했지만 설마 총을 쏘겠냐며 바리게이트에 불을 지르고 대치했다. 경찰은 다음 날 기자회견에서 실탄은 지급하지 않았다고 해명했다. 이내 전경 500여 명이 지랄탄을 쏘며 쳐들어왔지만 화염병 700개로 한 시간 동안 맞섰다. 이후 본대를 삼양동 방향으로 빼자 전투조도 퇴각했다. '5분대기조'가 현장을 떠나지 않고 계속 시위대를 위협했다. 한 명의 연행자 없이 무사히 퇴각했다. 다음날 전투를 위해 금주령이 내려졌다.

1월 15일, 이번엔 신길동이었다. 신길동 우신극장 앞은 1986년 11월 13일 CA 그룹 제헌의회 노동자, 학생이 전경버스 두 대와 소방차 한 대를 전소시키며 한 시간 동안 격렬하게 싸운 곳이었다. 당시 강민창 치안본부장이 직접 기자회견을 열어 '신길동가두시위사건'이라고 부르며 도시 게릴라식 수법의 폭력 사태라고 규정했을 만큼 가투의 교본이었다. 이 투쟁으로 서른일곱 명이 구속됐다.

전 날 길음동 전투로 다들 사기가 올라 있었다. 사전에 전투 물량을 준비해 놨기에 보안에만 신경쓰면 됐다. 경찰은 비상이 걸린 상태였다. 상황을 점검하기 위해 전투 개시 두 시간 전에 현장에서 두 정거장 떨어진 대신시장에서 하차했다. 주변 분위기는 특이사항 없이 평소와 똑같았다. 보안 유지에 성공한 것이다. 전투 개시 30분 전 나는 우신극장과 육교가 내려다보이는 2층 다방 창가에 자리를 잡았다. 추위를 달래기 위해 계란 노른자를 넣은 쌍화차를 마시며 밖을 살폈는데 역시 깨끗했다. 회심의 미소를 짓고 밖으로 나갔다.

5시 10분 정각, 보디가드들에게 우신극장 앞 육교를 통제하라 하고 곧바로 육교 위로 뛰어올라갔다. "노태우 정권 타도하자!", "전노협을 건설하자!"를 외친 그 시각 타격조는 현장에서 250m쯤 떨어진 곳 천주교수도회 옆 예식장에 위치한 영등포을 국회의원 나웅배 경제부총리 출신 사무실을 타격했다.

전날과 마찬가지로 500여 명이 각자 맡은 일을 수행했다. 타격조는 복귀했고 전투조가 도로 양쪽을 차단했다. 선전조는 육교에 현수막을 설치하고 유인물을 나눠주며 시민들에게 우리가 왜 싸우는지 알렸다. 본대는 해방 공간에서 구호와 노래로 투쟁을 독려했다. 이십 분쯤 지나서 우신초등학교 방향에서 전투가 시작됐다. 화염병은 전날보다 더 많이 준비돼 있었지만 무리하지 않았다. 방어가 목표였다. 어둠이 우리에게 유리하다고 할 수 없었다. 여섯 시에 본대에 퇴각 명령을 내렸다. 우신극장 뒤 편과 맞은 편 영신교회가 있는 언덕으로 본대가 퇴각하는 동안 전투조가 전선을 사수했지만 퇴각할 시간이 부족했다. 결국 두 명의 동지를 잃었다. 이후 우린 1월 14일 길음동, 1월 15일 신길동 투쟁을 '양길투쟁'이라 불렀다. 이틀 연속 가투는 1991년 2월 삼양동, 답십리 투쟁으로 이어졌다.

1월 22일 노태우 정권은 3당 합당민자당을 선언했다. 같은 날 성균관대학교 율전캠퍼스수원에서 전노협이 발족식을 거행했다. 총자본과 총노동의 싸움이 시작되고 있었다.

노동절
밤에 울다

1990년 4월 28일 새벽, 경찰 1만5천 명이 헬기, 불도저, 해경 경비정을 동원해 파업 중이던 울산의 현대중공업을 침탈했다. 일명 미포만작전이다. 노동자 결사대 일흔두 명이 곧바로 82m 골리앗크레인에 올라 고공농성 골리앗투쟁을 시작했다. 울산 시내가 전쟁터로 변했다. 현대중공업, 동맹 파업을 선언한 열한 개 현대 계열사의 노동자와 가족, 전국 각지에서 몰려든 노학선봉대 등 수 만 명이 울산 시내 곳곳에서 경찰과 나흘째 시가전을 치르고 있었다. 초중고는 임시 휴교에 들어갔다. 연행자가 1천여 명에 육박하고 경찰차 수십 대가 불탔다. 민자당지구당, 현대차영업소, 파출소, 현대아파트 모델하우스 타격 투쟁이 전국으로 번졌다. 대구에서는 학생들이 경찰청을 점거한 채 화염병으로 싸웠다. 구속중이던 전국노동조합협의회 전노협. 민주노총의 전신 단병호 위원장은 옥중 단식 투쟁에 돌입했다.

한편 KBS는 사장 퇴임을 요구하며 19일째 방송제작을 거부하며 파업을 벌이고 있었다. 노태우 정권은 4월 30일 심야에 경찰 3천 명을 투입해 조합원들을 강제 연행했다. 송·중계소 노동자가 투쟁에 동참했다. 연대의 뜻으로 MBC, CBS

노조도 제작 거부에 합류했다. 그해 1월 22일 출범한 전노협은 즉시 노동절 동맹 파업을 선언하고 투쟁을 독려했다. 정권은 전노협의 노동절 동맹 파업을 불법으로 규정하고 간부 50명에 대해 수사를 시작했다.

이런 상황에서 노동절 101주년 아침이 밝았다. 이날 전국노동자대회는 지역별로 열렸다. 애초 동국대에서 치를 예정이었던 수도권 노동자대회는 비밀리에 자리를 서울대로 옮겼다. 50개 노조가 동맹 파업에 동참했고 노동자, 학생 수만 명이 현대중공업과 KBS 공권력 투입을 규탄하며 거리로 나왔다. 부천에서는 경찰이 시위대를 향해 카빈소총 다섯 발과 권총 한 발을 쏘기도 했다.

이날 투쟁의 압권은 서울지하철노조가 진행한 전 구간 무임 승차 투쟁이었다. 데모하러 다니면서 지하철을 공짜로 탄 건 그날이 처음이었다. 공무원을 동원해 승차권 구입을 강요했지만 우린 비웃음으로 승차권을 대신했다. 서울대 집회를 마치고 참가자들은 서울 시내 곳곳으로 산개했다. 서총련 서울지역총학생회연합 은 신촌과 중화동 도로를 점거하고 격렬하게 싸웠다.

사노맹 남한사회주의노동자동맹 도 시위에 동참했다. 난 이동 수칙에 따라 교통수단을 바꿔가며 건국대 주변에서 하차했다. '사노맹' 명의로 치르는 첫 번째 가투라 정보가 새는 걸 막고 희생을 줄이기 위해 참가자를 사전에 엄격하게 제한했다. 영동대교북단과 성수사거리 중간 지점에 있는 우생병원 앞에 도착했다. 성수공단 외곽에 위치한 곳이었다. 사전 답사에서 공단 주변일 것과 퇴근 무렵이어야 한다는 기준을 정해 장소와 시간을 택했다.

동을 뜨기 주동자가 맨 먼저 시위 시작을 알리는 행동로 한 횡단보도에서 초조하게 시간을 확인했다. 7시 10분 정각이 됐지만 신호가 바뀌지 않아 차가 멈추질 않았다. 그 순간 내 옆에 있던 선배가 눈치 빠르게 무단횡단으로 차의 흐름을 막았다. 그 사이 난 곧바로 공중전화부스 위로 올라가 구호를 외치며 시위 시작을 알렸다. "사노맹이 앞장서서 노태우정권 타도하자!" 200여 명이 도로를 점거한 채 준비한 홍보물을 뿌렸다. 십여 분쯤 지나자 성수사거리 방향에서 경찰이 대열을 이뤄 달려들었다. 해방구를 만드는 게 목표가 아니라서 화염병은 방어 목적으로 최소량을 준비했다. 난 곧 퇴각령을 내렸다. 그때 가투를 신문은 이렇게 보도했다.

대학생으로 보이는 청년 1백여 명이 1일 하오 7시 15분께 서울 성동구 성수2가 2동 우생병원 앞길에서 '천만 노동자 동지에게 보내는 남한사회주의노동자동맹호소문'이라는 제목의 유인물을 뿌리고 10여 분간 시위를 벌이다 경찰이 출동하자 화염병을 던지고 모두 달아났다.

청년들은 이날 우생병원 부근 골목길에 흩어져 있다가 '와'하는 함성과 함께 일제히 길가로 뛰쳐나와 '노태우 정권 타도'등의 구호를 외치며 시위를 벌였으며 경찰은 현장에서 화염병 80여개를 수거했다.

이들이 뿌린 유인물에는 "자본가에게 무릎을 꿇을 것인가 아니면 인간답게 살 것인가, 현 정권의 노동운동 탄압에 맞서 노동해방, 사회주의 기치를 높이 세우고 총파업투쟁을 벌이자."라는 내용과 함께 ▲무노동 임금 쟁취 ▲노동자 해방 ▲농민 생존 압살하는 수입 개방 금지 등의 요구사항이 적혀 있었다.

노룬산시장지하철 2호선 건대입구역 근처에 있는 전통시장을 따라 퇴각하면서 부끄러워 고개를 들 수 없었다. '사회주의' 이름을 건 조직이었으나 사노맹은 아직 시작에 불과했다. 거리에서 싸우다 참가자 다수가 연행돼도 끄떡없을 만큼의 조직 역량을 확보하지 못한 상태였다. 연행자는 없었다. 역량과 실력 부족을 탓하며 술을 마셨다. 노동절 밤에 눈물을 쏟았다. 며칠 후 87년 6월항쟁 이후 최대 규모의 데모가 우리를 기다리고 있었다.

안기부를
타격하라

5·16쿠데타 직후 창설된 안기부 국가안전기획부. 구 중앙정보부. 현 국가정보원는 34년간 남산에 있다가 95년 9월 내곡동으로 청사를 옮겼다. 99년엔 이름을 국가정보원으로, 원훈을 '자유와 진리를 향한 무명의 헌신'으로 바꿨다. '남산 안기부'라는 말은 민주주의와 노동해방을 위해 투쟁하는 이들에게는 공포의 상징이었다. 그들은 국민의 세금으로 주권자인 국민과 민주주의를 탄압했다. 그런 안기부 본청을 타격하러 간 결사대가 있었다. 남산 안기부 34년 역사에서 처음 벌어진 일이었다.

90년 10월, 사노맹 중앙위원 1명과 조직원 30여 명이 연행돼 1차사건 남산에서 조사를 받고 있었다. 하지만 언론에 공개되지 않고 있던 상황이었다. 가만히 당하고만 있을 수 없었다. 연행 사실을 세상에 알리고 조직이 여전히 건재하다는 것을 보여줘야 했다. 결사대를 꾸렸다. 타격 전날 공릉동에 위치한 서울산업대 현 서울과학기술대학교 외진 건물에서 결사대원들과 만났다. 몇 년간 함께 몸을 부대낀 후배들이었다. 최소 몇 년은 볼 수 없을 상황이 코 앞에 닥쳤지만 눈물짓지 않았다. 악수를 나누며 웃었다. 모두 불사르자고 결의를 다졌다.

10월 22일 아침 6시 40분, 여덟 명의 학생 결사대가 장안동 중고차 시장에서 사전에 구입한 마크4 승용차와 택시에 나눠 타고 남산 안기부 정문이 내려다보이는 고가도로에서 하차했다. 대원들은 다시 한 번 배수진의 결의를 다졌다. 그리고 잠시 뒤 타고 온 승용차를 불태우고 화염병에 불을 붙여 주자파출소와 안기부 정문을 향해 돌진했다. "보안사, 안기부, 치안본부 해체하라!", "노태우 정권 타도하자!"라는 구호와 왜 안기부를 공격하는지 그 이유를 담은 유인물이 허공을 가르며 퍼져 나갔다.

파출소와 안기부 건물을 화염병으로 타격했다. 즉시 안기부원 십여 명과 경찰들이 권총 공포탄과 사과탄으로 응사했다. 여덟 명 전원 현장에서 붙잡혔다. 안기부원은 신병인수증을 써달라는 중부경찰서장의 요구를 필요 없다고 거절했다. 기자에겐 "기자 새끼들 눈깔을 뽑아버리기 전에 카메라 치워!"라고 욕을 해대며 결사대를 안기부로 데려갔다. 다음날 동아일보에 '안기부원의 군림'이라는 칼럼이 실릴 정도로 안기부원의 위세가 대단했다. 아침 뉴스를 통해 연행되는 결사대원들의 얼굴을 확인했다. 전원 구속이었다. 그리고 8일이 지난 10월 30일 안기부는 사노맹 사건을 발표했다. 안기부 본청 타격 투쟁이 끝이 아니었다. 서동권 안기부장의 집을 타격하기 위한 준비를 모두 마쳤지만 최종 단계에서 실행이 유보됐다.

몇 년 뒤엔 만날 수 있으리라 생각했던 결사대원들을 어찌하다 보니 22년이 흐른 작년 여름에야 다시 만날 수 있었다. 한 후배의 얘기가 걸작이었다. 출소하고 뒤늦게 졸업해 서울시 공무원으로 첫 출근한 곳이 남산 안기부 건물이었단다. 안기부가 내곡동으로 옮긴 뒤 남산의 건물을 서울시에서 사용하고 있었다. 자기가 타격하고 조사받았던 건물에서 근무하는 기분이 묘했을 것이다.

국정원이 2012년 대선에 조직적으로 개입한 정황이 속속 드러나고 있다. 민주주의 사회에서 있을 수 없는 일이 벌어졌지만 세상은 잠잠하기만 하다. 자포자기 심정일까? 반자본주의 투쟁에서도 민주주의 문제는 끊임없이 확장해 나가야 할 사안인데 우린 너무 조용하다. 진보진영은 제 몸 추스르기도 버거워하고 있다. 진보진영의 고통의 시간은 언제쯤 끝이 날까? 원혼을 헌신짝처럼 내팽개치고 '권력과 자본을 향한 무한 헌신'에 열을 올리는 국정원을 가만히 보고 있을 수만은 없지 않은가! 진보야, 힘 좀 내자!

작은 불씨가
들불이 된다

─────── 88년 말~89년 초에 현대중공업노조가 128일간 공장을 점거하고 파업 투쟁을 벌인 적이 있었다. 정권은 경찰 1만5천명을 육해공으로 투입해 진압했다. 1년 후인 90년 4월, 현중노조는 '임단협 성실교섭과 노동운동 탄압 중지'를 내걸고 다시 총파업에 나섰다. 기다렸다는 듯이 이번에도 역시 1만5천 명의 병력이 불도저, 페퍼포그, 헬기, 군함을 앞세워 공장으로 밀려들었다. 하지만 이번엔 달랐다. 노조도 미리 준비하고 있었다.

4월28일 새벽, 경찰이 공장으로 진입하는 순간 결사대 일흔두 명이 82m 높이의 골리앗 크레인에 올랐다. 며칠 후부터 크레인에서 단식 투쟁이 이어지면서 거리에선 연일 노동자, 가족, 노학선봉대가 대규모 가두 투쟁을 펼쳤다.

"내 지시 없이는 결단코 공장에서 망치소리가 나지 않을 것이다."

골리앗 위에서 이갑용 위원장이 한 말은 그대로 지켜졌다. 5월 10일 결사대가 골리앗에서 내려올 때까지 공장이 멈췄다.

골리앗 투쟁 기간에 노학선봉대도 울산으로 달려가 노동자 투쟁에 연대했다. 울산에 가지 못한 학생들은 서울에서 화염병과 쇠망치를 들고 현대차 대리점을 타격했다. 성균관대학교 타격대는 계동 현대그룹 본사 유리벽을 대형 해머로 부수기도 했다. 우린 사전 답사를 거쳐 강동구 명일동 버스 종점, 용산구 갈월동 숙대입구역 현대차대리점을 타격 대상으로 정했다.

명일동대리점 타격조가 무사 귀환하고 갈월동으로 간 타격조를 기다리고 있는데 총학생회실을 통해 민학련 민주주의학생연맹 사무실로 전화가 걸려왔다. 현장에 나가있던 타격조원이 다급한 목소리로 물었다.

"형, 대리점 위층에 노동 단체 사무실이 있는데 까도 돼?"

4호선 숙대입구역 1번 출구 앞 건물 1층에 현대차대리점이 있었고 그 위층을 노동 단체가 사용하고 있었다. 2층에 불이 번질 걸 우려해서 하는 말이었다. 지금 생각하면 대단히 위험해질 수도 있는 상황이었지만 당시엔 1초의 머뭇거림도 없이 답했다.

"까"

1990년 현대중공업 골리앗투쟁은 노동자의 투지와 단결이 있었기에 가능한 싸움이었다. 아울러 학생을 비롯한 여러 운동 진영의 현장 지원과 연대도 투쟁 과정에서 나름 중요한 역할을 했다. 현대차 비정규직 노동자들이 '불법파견 인정, 모든 비정규직의 정규직화'를 내걸고 철탑 고공 농성을 시작한 지 200일이 넘었다. 89년, 90년처럼 현대차 자본을 포위 공격하는 사회적 압박과 저항이 절실하다. 현대차 비정규직 노동자의 외로운 투쟁만으로는 현대차 자본이 절대 굴복하지 않는다. 지금은 까도 되느냐고 묻는 이도, 까라고 답하는 이도 찾기 힘들다. 하지만 투쟁이 어떻게 진화할 지 누구도 쉽게 예단할 수 없다. 불씨가 들불이 되는 경우를 우린 수많은 투쟁 역사를 통해 경험하고 확인했다. 여러 사람이 전경련, 경총, 현대차, 쌍용차 대리점, 새누리당 150여 개 지구당사를 동시에 점거하는 투쟁을 꿈꾸면 그 꿈이 현실이 되지 말란 법도 없지 않은가?

쑥담배 현수막을
아시나요?

────────── 가투나 대규모 연합 집회가 열리는 날이면 4명이 한 조가 돼 움직였다. 두 명은 현수막 설치, 두 명은 감시와 경호를 담당했다. 사전 답사를 통해 현수막 설치 위치를 파악해 두지만 달라진 점이 없는지 당일 한 번 더 살폈다. 대학에서 열리는 집회는 그나마 위험부담이 덜했지만 거리에서는 각별히 조심해야 했다. 비합법조직 활동을 하는 이상 임무를 지속하기 위해선 교정에서건 거리에서건 정체를 드러내는 건 위험한 일이었다.

예행연습이 불가능한 일이라 사전 준비를 철저하게 했다. 장소 선정이 무엇보다 중요했다. 사람들 눈에 잘 띄되 작업하는 이들의 실체가 드러나지 않는 곳이어야 했다. 현수막을 건물에 내다 거는 일이 많았는데, 옥상문이 닫혀 있는 곳이 많아 애를 태운 게 한두 번이 아니었다. 장소가 정해지면 실측에 나섰다. 지지대로 삼을 구조물, 지상까지의 높이, 현수막이 펼쳐질 때 방해가 될 요소가로수, 현관 등, 사람이 다칠 염려는 없는지 따위를 살폈다.

현수막은 테이프로 글씨를 만들어 붙이거나 붓으로 써서 제작했다. 바람에 날려 꼬이지 않도록 현수막 위아래에 각목을 댔다. 현수막은 효과를 극대화하기 위해 결정적인 시기에 펼쳐져야 했다. 우리는 '남민전'박정희 유신독재에 맞섰던 민주화운동 조직으로 1979년 10월 김남주 시인 등 84명이 구속됐다.의 선전 활동 방식에서 모티브를 얻었다. 남민전은 에드벌룬을 띄우고 쑥담배로 노끈을 끊어 유인물을 살포했다. 쑥담배를 만들기 위해 경동시장에서 마른 쑥과 한지를 구입했다.

쑥담배 만드는 일은 쉽지 않았다. 실패를 거듭한 끝에 불이 쉽게 꺼지지 않는 쑥담배를 만들 수 있었다. 다음은 속도였다. 쑥의 건조 상태와 노끈 굵기에 따라 타들어가고 끊기는 속도가 달랐다. 현수막을 설치하고 안전하게 몸을 피하기 위해선 우리가 원하는 최소 시간을 확보해야 했다. 여러 차례 실험을 거쳐 원하는 쑥담배 제작에 성공했다.

1990년 11월 25일 건국대에서 '내각제 저지와 민중운동탄압 분쇄 및 우루과이라운드 거부를 위한 노태우 정권 퇴진 90민중대회'가 열렸다. 우리는 이날 쑥담배 현수막을 활용하기로 했다. 답사 때와 달리 옥상 문이 잠겨 있었다. 86년 건대사태1986년 10월 28일부터 31일까지 건국대학교에서 전개된 대학생들의 민주화운동. 경찰의 진압작전으로 1525명이 연행되고 이중 1288명이 구속된 사건를 경험한 학교 측이 대규모 집회가 열리자 옥상 문을 잠근 것이다. 난감했지만 포기할 순 없었다. 옥상을 포기하고 맨 위층 강의실에 설치했다. 집회가 시작되고 얼마 후 쑥담배 현수막이 성공적으로 낙하했다. 애초 옥상에 설치할 계획으로 제작한 탓에 현수막이 길어 제대로 펴지지 않았다. 안타까워하는 우리 마음을 아는 지 지나가던 누군가가 현수막을 잡아당겨 펼쳐줬다. 하지만 많은 시간을 들여 준비한 보람도 없이 채 5분도 못 가서 현수막은 집회 주최 측에 의해 철거되고 말았다. 그때 한 신문이 그 내용을 보도했다.

"한편 대회가 진행되던 낮 12시 40분께 학생회관 맞은 편 공대 건물 5층에서 '가자 사노맹과 함께 노태우 정권 퇴진 투쟁으로'라고 쓰인 플래카드가 내려지고 대회장에 '노태우 정권 타도 투쟁으로 전진하자'는 사노맹 명의의 유인물 2백여 장이 뿌려졌으나 플래카드는 주최 측에 의해 5분 만에 철거되기도 했다."

같은 구호도 사회주의를 표방한 비합법조직이 외치면 용납되지 않던 시대였다. 누군가는 땅에 닿아 제대로 펴지지 않은 현수막을 펴주며 '사상의 자유'를 몸으로 보여 줬지만, 누군가는 동지들이 건 현수막을 '주의'가 다른 조직이기에, 또 탄압의 빌미가 될 수 있다는 이유로 서슴없이 철거하는 시대였다. 비록 보잘 것 없는 일이었지만 사회주의 시민권을 획득하기 위한 작은 선전전 쑥담배 현수막 은 거기서 그치지 않았다. 이후 우리는 동대문, 서울역 등에서도 계속해서 쑥담배 현수막을 내걸었다.

그대를
기억하리라

──────── "쏟아지는 빗발 뚫고 오던 무거운 어깨/말없이 동녘 응시하던 동지의 젖은 눈빛."

비가 오면 종종 떠오르는 노래다. 이 노래를 읊조리다 보면 한 동지가 생각난다. 보안을 위해 상상하기조차 쉽지 않은 행동을 주저 없이 했던 동지다. 이제 가투 가두 투쟁 시대는 지났다고들 한다. 정말 그럴까? 신자유주의에 저항하는 유럽 인민들의 투쟁 양상을 보면 성급한 판단이 아닐까 싶다.

1991년 2월 8일 오후 5시 35분, 서민학련 서울지역민주주의학생연맹 소속 학생 450여 명이 삼양동네거리 25번 버스 종점를 장악하고 동양파출소와 경찰 오토바이를 전소시켰다. 불을 끄기 위해 출동한 소방차를 화염병으로 공격해 돌려보냈다. 50분 정도 전투를 치르고 본대를 보호하며 국제대학 현 서경대학교과 정릉 방향으로 퇴각하던 전투조 몇 명이 연행됐다. 이날 연행된 전투조 중 1명은 징역 3년 실형을 살았다.

전투를 마치고 단위별 투쟁국장들을 소집해 경희대에서 전술 회의를 가졌다. 연행된 동지들의 신원을 파악하고 투쟁 전술이 계획대로 집행됐는지 평가했다.

그리고 다음날 진행할 답십리 가투를 좀 더 꼼꼼하게 점검했다. 오늘 투쟁으로 경찰도 눈에 불을 켜고 있을 것이고 잡히면 징역 몇 년은 각오해야 하는 상황이었다. 답십리는 유동 인구가 적어서 낯선 사람들이 동시에 움직이면 금세 눈에 띄는 곳이었다. 본대를 분산시키는 것이 무엇보다 중요했다. 단위별 출발지, 이동 노선, 교통수단, 대기 장소, 퇴로를 세밀하게 확인했다.

타격조의 동답파출소 타격을 전투 개시 신호탄으로 삼기로 했다. 동답파출소는 삼양동에서 전소시킨 동양파출소와 달리 전선에서 제법 떨어져 있어서 답십리 촬영소 고개 중턱에 위치 의사소통이 수월하지 않은 상황이었다. 정시에 타격이 이뤄져야만 다른 조들도 각자 맡은 역할을 차질없이 수행할 수 있었다. 청량리 경찰서 근방과 전투 지역 양쪽 진입로 300~500m 전방에 연락조를 배치해 경찰 출동 상황을 파악해 사전에 약속한 암호를 삐삐로 보내기로 했다. 본대 예상 인원, 전술 전달 방법, 전투를 치르는 동안 사용할 홍보물수서 택지 비리, 노태우 정권 타도와 걸프전 파병 반대가 핵심 내용이었다.도 점검을 마쳤다.

한 시간 정도 해방구를 만들려면 바리케이드가 필요했다. 전기톱으로 가로수를 잘라 바리케이드를 치려던 계획은 시민들의 반발을 우려해 폐기했다. 대신 4차선 양쪽 가로수 사이에 철조망을 치기로 했다. 철조망에 기름 묻힌 솜을 걸고 더 태울 수 있는 물품은 미리 거리에서 봐둔 것을 쓰기로 했다. 쇠파이프는 간수와 운반이 편하도록 사전에 조립식으로 주문 제작했다. 30cm 길이로 만든 쇠파이프를 품에 지니고 있다 현장에서 조립하면 60cm, 90cm 길이의 쇠파이프가 됐다.

전투조의 전술은 초단위로 수립했다. 미리 전투 물량을 운반하고 기습적으로 바리게이트를 치려면 눈에 띄지 않는 사전 집결지가 필요했다. 마침 선투조 활동 반경 안에 극장이 두 개 있었다. 전투조를 숨기기에 최적지였다. 답십리극장과 에로영화를 동시 상영하는 비디오소극장에 최전방 전투조가 입장했다가, 바깥 상황을 확실하게 알 순 없지만 계획된 전술을 믿고 정시에 밖으로 뛰쳐나오기로 했다.

다음날 계획대로 전투조는 답십리극장에 모여 있었다. 영화가 상영되는 도중 갑자기 전투조장이 스크린 앞으로 나가 말했다.

"동지들 파이프 조립하고 물량 챙겨서 나갑시다."

그의 말이 떨어지기 무섭게 극장 안 여기저기서 전투조가 파이프를 조립했다. 관객들은 영화보다 더 영화 같은 일을 구경하기 위해 전투조를 따라 거리로 쏟아져 나왔다.

2월 9일, 난 현장 상황 실장이었다. 날씨는 삼양동 가투 때와 비슷했지만 전날 투쟁 과정에서 몇 명의 동지를 잃은 탓인지 더 춥게 느껴졌다. 전투는 사전 계획대로 진행됐다. 전날과 마찬가지로 서민학련 소속 학생 450여 명이 오후 5시 35분에 전투를 시작했다. 동답파출소를 전소시키고 답십리 4차선 도로를 한 시간 동안 장악한 채 싸웠다. 연행자는 한 명이었다. 이틀 연속 치른 가투는 텔레비전 9시 뉴스와 신문에 연일 보도됐고, 치안본부는 다음날 확대 간부 회의를 열어 '화염병 시위를 테러 행위로 규정해 화염병 사용 학생을 취업, 해외 유학, 대학원 진학 후까지도 추적, 검거할 것이며 파출소가 공격당할 경우 해당 지휘관을 문책하겠다.'고 호들갑을 떨었다.

며칠 후 최종 평가회의가 열렸다. 전술회의에 참석했던 숭실대 투쟁국장이 두 번째 투쟁 답십리이 벌어지던 날 행미행이 붙은 것 같아서 시내에서 행을 떼기 위해 고생했다고 했다. 낌새가 좋지 않아 식당 화장실로 들어가 전술이 적힌 메모지를 변기에 넣고 물을 내렸는데 내려가지 않더란다. 오물이 묻은 메모지를 변기에서 다시 꺼내 삼켜버렸다고 했다. 그 동지를 비롯한 많은 이들의 철저한 보안 의식이 없었더라면 성공하기 어려운 투쟁이었다.

전진하는 새벽

쏟아지는 빗발 뚫고 오던 무거운 어깨
말없이 동녘 응시하던 동지의 젖은 눈빛
이제사 떠오니 당신의 깃발로
두건으로 외쳐대던 사선의 혈기로
약속한다 그대를 딛고 전진하는 새벽
어느새 닥친 조국의 아침 그대를 기억하리라

삐삐,
그리고 체포와 구속

—————— 한때 가입자가 1600만 명에 육박했던 삐삐 무선호출기 는 휴대전화가 대중화되면서 거의 사라졌다. 아직 사용자가 있긴 하다. 삐삐는 문자와 숫자를 조합해 메시지를 보내는 단방향 수신 장치로 012와 015 번호를 사용했다. 거리의 공중전화부스 앞엔 삐삐에 찍힌 번호로 전화를 걸거나 음성 메시지를 확인하려는 사람들로 길게 줄이 늘어서곤 했다.

전화를 걸지 않고서도 소통할 수 있는 삐삐 약어도 유행했었다. 8282를 보낸 뒤 연락이 없으면 82828282를 날렸고 그래도 응답이 없으면 화가 나 1818을 보냈다. 연인들 사이엔 04 영원히 사랑해, 1004 당신은 나의 천사, 1010235 열렬이 사모한다. 가 오갔다.

삐삐는 활동가들에게도 유용한 기기였다. 기계치였지만 기동성과 보안을 위해 나도 89년 11월에 삐삐를 장만했다. 수배 상태여서 내 명의로는 가입할 수 없어 지금은 캐나다에 사는 후원자가 사줬고 사용료도 그 분이 납부했다. 초창기라 기기 값이 25만 원 안팎일 정도로 고가였다. 보안을 위해 조직원을 호출할 때 사전 약속에 따라 번호를 암호화했다. 일곱 자리 전화번호를 앞이나 뒤에서부터

수를 빼거나 더해 입력하는 방식이었다. 암호 방식은 한 달에 두세 번 변경됐다.

91년 4월 7일은 연애를 시작한 지 100일째 되는 햇살 따뜻한 봄날이었다. 종로에서 애인을 만나 어린이대공원으로 데이트하러 가는 길이었다. 지하철을 이용해야 했는데, 햇살이 그리워 한양대를 경유해 어린이대공원으로 가는 버스를 탄 게 화근이었다. 조직의 활동 수칙은 자신의 이전 활동 근거지를 지날 땐 버스를 이용하지 않도록 했다. 야외 근무하는 경찰에 노출되지 않게 하기 위해서였다. 학교에 걸린 연합 집회 안내 현수막이 바람에 나부끼고 있었다. 우리는 데이트를 잠시 미루기로 했다.

집회장에 들어서자 곳곳에서 지인들이 내 이름을 불렀다. 조짐이 안 좋았다. 30분쯤 머물다 학교 안에서 택시를 타고 빠져 나왔다. 잘 달리던 택시가 신호에 걸려 화양사거리에 멈춰 섰다. 순간 뒤따르던 승용차가 택시를 들이받았다. 기사가 시동을 끄고 문을 열자 승용차 안에 있던 남성 네 명이 나를 덮쳤다. 학교에서 따라붙은 서울시경 형사들이었다. 넥타이를 잡히자 꼼짝할 수가 없었다. 애인은 출소 후 나와 결혼했다. 곧바로 자리를 피했다. 난 사전에 연습한 대로 그 자리에서 고래고래 소리를 질러 시민들에게 신분과 연행 사실을 알렸다.

경찰은 내 허리춤에 있던 삐삐부터 챙겼다. 경찰서에 도착해 비번 비밀번호을 대라는 형사들의 겁박에 침묵하자 주먹과 발길질이 날아들었다. 자리를 피한 애인이 조직에 연행 사실을 알렸을 테지만 혹시 모를 사고를 예방하려면 최소 24시간은 침묵으로 버텨야만 했다. 한 시간가량 맞으며 입술을 얼마나 세게 깨물었는지 피가 철철 흘렀다. 형사들은 그제야 폭행을 멈췄다. 형사들이 압수한 삐삐는 암호를 푸는 방식과 숫자를 모르면 무용지물이었다. 다행히 내 연행 사실이 알려지면서 뒤에 잡혀있던 약속이 취소돼 후속 사고는 발생하지 않았다. 치료를 받고 밤이 깊도록 삐삐에 대한 추궁을 받았지만 침묵했다. 이튿날, 나는 성동구치소로 이감돼 구속됐다.

삐삐를 안 쓴 지도 참 오래됐건만 요즘도 내 마음 속 삐삐엔 끊임없이 번호가 찍힌다. 쌍용차 철탑, 재능 종탑, 밀양, 강정, 거리, 공장에서 투쟁하는 이들이 보내는 구조 신호 '119'다. 응답하라, 119!

옥중편지
○○에게

─────── 오늘밤은 쉽게 잠들지 못할 것 같다. 기상나팔에 잠을 깨 누운 채로 창밖을 보니 평소와 달리 어둠이 완전히 걷히지 않았더구나. 이상하다 싶어 창을 여니 아니나 다를까 구름이 하늘을 뒤덮고 있었다. 곧이어 가랑비가 내리기 시작했다. 오늘은 얼마나 비가 오려나 보려고 밥을 먹고 다시 창틀에 매달렸는데 웬걸 언제 내렸냐는 듯 해가 구름 밖으로 고개를 내밀더구나. 여기 진주로 이감된 후 비님과의 첫 만남은 그렇게 싱겁게 끝나고 말았다.

오전에는 목욕을 했다. 따뜻한 탕에 몸을 담글 때의 쾌감은 이루 말할 수 없을 정도란다. 겨울이 깊어갈수록 쾌감도 커진다. 시간이 제한돼 있어 언제까지고 탕에만 들어앉아 눈을 감고 있을 수는 없어. 짝을 이룬 동지에게 얼른 등을 맡겨야 해. 이때가 덩치 작은 내가 제일 손해를 보는 시간이다. 동지들끼리 자기는 몇 평짜리 공사를 수주했다고 낄낄댈지.

목욕을 마치고 방으로 돌아오기 무섭게 점심을 먹었다. 졸지 않을 장사가 어디 있겠니? 잠깐 누웠다 일어나야지 했는데 어느새 잠결에 '각방 배식 준비' 소리가 들리더구나. 깜짝 놀라 벌떡 일어났지. 오늘밤 잠이 오지 않을 것 같다는 이유를 이제 알겠지?

　손이 모두 갈라져 며칠 전 의무과에 들렀다. 이런 증세는 평생 처음이야. 의무과장 말로는 빨랫비누 독성 때문에 그렇다는구나. 당장 고무장갑을 구매하고 옆방 동지가 준 로션을 발랐더니 며칠 새 많이 좋아졌다. 고작 빨래, 설거지 때문에 소란을 피운 꼴이었어. 평생 손에 물마를 날 없이 사는 어머니와 누나들한테 민망한 일이지.

　요새 〈녹슬은 해방구〉를 읽고 있는데 오늘은 〈태백산맥〉과 비교해 볼 시간을 가졌단다. 〈태백산맥〉이 당시 투쟁 본거지의 언어, 빈궁한 민중의 생활에 대한 사실적 묘사, 투쟁 속에 피어난 사랑, 각 계급의 전형적인 인물을 형상화해서 호응을 얻었다면, 〈녹슬은 해방구〉는 이야기 전개에서 보이는 비약 해방을 맞은 김점분과 그 외 동지들의 모습, 미국의 본질에 대한 태도 등, 투신 과정의 개연성 부족, 승승장구하는 투쟁 과정 등이 독자들을 당혹스럽게 했을 것 같더구나. 〈녹슬은 해방구〉 작가의 주관적 의지와 열망이 작가 스스로에게 짐을 지우지 않았을까 싶다. 하지만 〈녹슬은 해방구〉가 항일빨치산 투쟁을 완료형이 아닌 현재진행형으로 바라보고 그에 착목해 이야기의 시작과 끝을 교도소로 설정한 점은 평가할 만하다고 생각해. 90년대를 사는 우리에게 투쟁의 바통을 이어 주고자 한 작가의 역사의식을 읽을 수 있었다. 빵에서 책을 읽는 나로선 그 점에 점수를 주고 싶더구나. 기억에 남는 한 대목을 적는다.

"이들 미전향장기수 에게는 어느 누구도 빼앗으래야 빼앗을 수 없고, 빼앗길 수도 없는 한 가지가 있었다. 그것은 민중에 대한 사랑과 믿음이었다. 이는 불가사의였다. 여기 있는 어른들은 대부분 이곳에서의 감옥살이 30년을 '민중이 나를 이곳으로 파견했다!'고 믿고 있었다. 이것은 이곳 삶의 제1의 진실이며 기초였다. 그 믿음은 역사에 대한 믿음이었으며 조국의 통일을 향한 끝없는 사랑이었기 때문이었다. 이 사랑과 믿음의 대가로 돌아오는 것이 고통의 날들이라면 그것은 영광스러운 세월이 아니겠는가?"

어제 면회 온 너를 만나고 방에 돌아오니 다섯 번째 편지가 도착해 있더구나. 얼굴도 보고 편지도 받아 기쁨이 두 배였다. 겨울을 싫어하는 이유를 읽으며 민중의 고통에 가슴 아파하는 네 마음도 읽었어. '내 사랑 내 곁에'를 소내 방송으로 몇 번 듣고 느낌이 좋았는데 네가 적어 준 가사를 읽고 더욱 좋아졌단다. 노래를 부른 가수가 이 세상 사람이 아니라는 사연을 들으니 더 그랬어.

"시간은 멀어 집 신문에서 읽었는데 원 가사는 '멀어짐'이라더구나. 으로 향해 가는데 약속했던 그대만은 올 줄 모르고 애써 웃음 지으며 돌아오는 길은 왜 그리도 낯설고 멀기만 한지……." 접견 마치고 서울로 발길을 돌려야 하는 네 심정을 대변하는 것 같더구나. 너에 대한 사랑이 깊어갈수록 안타까움과 미안함도 그만큼 커지는 것은 우리 사랑이 담장이라는 물리적인 장벽이 가로막고 있는 가운데 이뤄지는 투쟁이기에 그렇다. 하지만 아픈 시대, 모순된 사회에 태어난 청춘이 겪는 성숙의 과정이라고 생각하기에 조급함은 없다.

이 편지 28일 이전에 도착할지 모르겠다. 사랑 가득 담아 띄운다. 아침에 비가 조금 내리더니 바람이 몹시 차구나. 웃는 얼굴로 항상 건강하게 생활하기 바란다. 안녕!

진주에서 91년 11월 21일

은탁

추신: ML원전 정리해서 넣어다오. 네 번째 편지 받았다. 끈 없는 흰색 운동화 부탁한다. 사진 몇 장 보내줘. 조카들 사진도 함께.

연행에 대한
소심한 복수

———————— 문민정부 김영삼 정부 가 들어섰다지만 국가보안법은 여전히 맹
위를 떨치고 있었다. 사건을 조작하는 일도 서슴지 않았다. 92년 경찰은 '사노
맹 강원도위원회 예비모임'에 참석했다는 혐의로 노동자를 연행했다. 그 노동자
는 그 해 여름 나와 같이 진주교도소에 수감돼 있었다. 사건을 조작한 것이었다.

이듬해에도 김영삼 정권의 탄압은 계속되었다. 1993년 8월 26일 경찰이 민
정련 민중정치연합 원주지부 회원 열세 명을 사노맹 강원위재건 혐의로 영장도 없
이 원주와 서울에서 강제 연행했다. 연행자 중에는 현역 군인 두 명도 포함돼
있었다. 다음 날 오후, 민정련 회원 100여 명이 서대문구 경찰청 구 치안본부 정문
앞에 모였다. 출소 후 민정련 기획실에서 상근자로 일하고 있던 나도 규탄 집
회에 참석했다.

경찰이 우리를 둘러쌌다. 우리는 아랑곳하지 않고 '불법 폭력 연행 책임자 처
벌, 경찰청장 공개 사과, 사건 조작 중단'을 외쳤다. 규탄 집회가 시작된 지 한 시
간쯤 흘렀을 때 기습적으로 참석자들을 연행하기 시작했다. 몸싸움이 벌어졌지
만 수에 밀려 역부족이었다. 한 명씩 사지가 들려 여러 대의 닭차 경찰버스에 실

렸다. 고개를 들지 못하도록 무릎으로 목을 짓누르고 두들겨 팼다. 한 여름에 닭차에서 땀범벅이 되도록 흠씬 맞았다.

닭차가 출발했다. 밖을 내다볼 수 없으니 어디로 실려 가는지 알 수 없었다. 경찰서가 아닌 걸로 봐서 다시 집결하지 못하게 미사리, 난지도, 과천 등지에 분산해 내려줄 거라는 짐작만 할 뿐이었다. 예상은 적중했다. 중간 중간 한 명씩 버스에서 내리게 했다. 내 차례가 됐지만 내리지 않겠다고 버텼다. 또 맞았다. 급기야 버스를 세우더니 경찰 두 명이 내 팔을 꺾어 버스에서 밀어냈다. 둘러보니 풍납동 아산병원 맞은편 올림픽대교 남단 도로였다.

갑자기, 오기가 생겼다. 니들 오늘 임자 만났다. '꼴통'의 진상이 뭔지 확실하게 보여 주마. 나는 닭차 앞을 가로막고 섰다. 비킬 생각을 안 하자 2~3분 뒤에 경찰 두 명이 버스에서 내리더니 다시 버스에 태울 생각이었는지 나를 잡으려고 달려들었다. '나 잡아 봐라'가 시작됐다. 내가 달리면 그들도 내 뒤를 따라 달렸다. 닭차에서 멀찌감치 떨어지자 잠시 고민하던 경찰이 닭차로 돌아가려고 방향을 바꿔 다시 달리기 시작했다. 인도에 있던 큼지막한 돌을 주워 들고 나도 경찰 뒤를 쫓아 뛰었다. 그리고 경찰이 차에 오르자마자 다시 앞을 가로막고 섰다가, 들고 있던 돌을 닭차 정면 유리창에 던졌다. 이번엔 경찰 세 명이 내렸다. '나 잡아 봐라'가 재현됐고 결론은 조금 전과 마찬가지였다. 20여 분 동안 대낮에 도로에서 쇼가 펼쳐지자 시민들이 모여들었다. 닭차에 불법 연행된 사람들이 더 있다고 고래고래 소리를 질러 시민들에게 알렸다.

그때, 닭차 문이 열렸다. 마지막까지 남아 있던 동지 세 명이 한꺼번에 내렸다. 바짝 약이 오른 경찰이 씩씩거리며 나중에 잡히면 뒈질 줄 알라고 닭소리를 하고 떠났다. 이제는 말할 수 있다. 동지애는 명분이고 그때 내 처지가 주머니에 토큰 하나 없는 빈털터리였노라고. 사무실까지 걸어가지 않으려고 악착스럽게 싸웠노라고. 토큰이라도 하나 줘서 내려줬으면 상황이 달라질 수도 있었단 말이다. 이 닭대가리들아!

지상에서 가장 작은
방 한 칸

──────── 주말에 책꽂이에 꽂혀 있던 <0.75평 지상에서 가장 작은 내 방 하나─비전향 장기수 7인의 유예된 삶>을 다시 꺼내 읽었다. 우리나라 비전향 장기수 7인이 함께 쓴 책이다. 김선명 43년 10개월, 신인영 31년, 김석형 30년 6개월, 조창손 29년 8개월, 홍경선 30년 6개월, 이종환 42년 5개월, 이종 13년 등 거대한 바위와도 같은 비전향 장기수들의 삶과 생각을 기록한 단행본이다. 마지막 장을 덮고 20여 년 전의 아픈 기억 속으로 들어갔다.

사람들은 한국이 세계 최장기수 기네스 기록을 보유한 나라라는 사실을 알고 있을까? 1993년 민가협 어머니들과 대전교도소로 비전향 장기수를 면회하러 갔었다. 전국 동시 다발로 시도한 장기수 면회 투쟁이었다. 교도소 정문 앞에서 1박 2일 동안 싸웠다. 김선명 선생 1925년 경기도 양평에서 태어났다. 만석꾼 집안에서 태어났으나 양반과 상민의 차별을 보면서 세상이 평등하지 않음을 깨달았다. 해방 후 좌익 활동을, 한국전쟁 때는 인민군 활동을 하다가 1951년 만 25세 때 포로가 되었다. 1953년 사형 선고를 받았고, 1954년 무기 징역으로 감형됐다. 1995년 기네스북에 세계 최장기수로 기록됐다. 그해 출소해 94세 어머니와 45년 만에 재회했다. 2000년 남북정상회담 이후 북송되었다. 그의 삶을 주제로 한 영화 <송환>이 있다. 의 면회를 신청했지만 교도소 측이 허락하지 않았다. 다른 교도소에선 짧게라도 면회를 했다는 소식이 들렸지만 대전교도소는 버티기로 일관했다. 새로 부임한 젊은 소장의 자존심이 원인이었다.

우리도 가만히 있지 않았다. 늦은 밤, 교도소 정문을 돌로 두드려 우리가 밖에 있음을 알리는 소음 투쟁에 돌입했다. 순번을 정해 날을 새워가며 철문을 두드렸다. 날이 밝자 우리는 교도소 정문을 넘기 시작했다. 경교대가 출동했고 부상자가 속출했다. 김낙중 선생의 딸은 경교대가 휘두른 방패에 찍혀 이마가 10cm 이상 찢어지는 부상을 당했다. 뒤늦게 소식을 들은 충청 지역 학생들이 달려왔다. 일촉즉발의 위기감이 감돌았다. 교도소 정문을 돌파하려고 시도했다. 시위대가 곳곳으로 흩어져 담장을 넘는 시도도 했다. 상황을 보고 받은 교도소장이 나왔다.

"다음에 오면 고려해 보겠다."

어림없는 소리였다. 우린 오늘 보지 못하면 정문 앞에 살림을 차리겠노라고 선언하고 장기전을 준비했다. 대치 상황이 계속되는 가운데 해가 지고 있었다. 서울에서 소식을 듣고 민주당 신계륜 의원이 달려왔다. 1박 2일 동안 들은 척도 않던 교도소장이 국회의원을 만나더니 태도를 바꿔 면회를 허락했다. 민가협 어머니 두 분이 접견실로 들어갔다. 얼마 후 접견을 마치고 나온 두 분이 땅바닥에 털썩 주저앉아 흐느꼈다. 우린 영문을 모른 채 가만히 지켜볼 수밖에 없었다. 시간이 흐르자 어머니 한 분이 애써 감정을 누른 채 말문을 열었다.

"이건 인간 세상에 있을 수 없는 일이다. 한 인간을 40년 넘게 0.75평 독방에 가두고 있다. 사람이 얼마나 오래 버틸 수 있는지 시험하는 것도 아니고, 이것은 인간이 인간에게 할 수 있는 일이 아니다. 짐승에게도 이런 짓은 할 수 없다."

김선명 선생은 40여 년 동안 햇살을 받으며 면회소를 향해 걸어 본 게 다섯 번도 안 된다고 했다. 어머니의 애길 듣고 모두가 눈물을 훔쳤다. 인간의 잔혹함과 제도의 폭력성에 치를 떨었다. 서울로 돌아오는 동안 버스 안은 조용했다. 어느 누구도 서로에게 말을 건네지 않았다.

비전향 장기수들이 국가 권력의 모진 폭력을 견디고 이겨낼 수 있었던 힘은, 양심이었다. 나는 그날, 헌법을 휴지처럼 여기며 사상과 양심과 정치적 신념을 벌하는 권력에 대항하는 한 인간의 위대한 저항을 봤다.

이라크 파병 반대
만민공동회

─────────────── 2004년 '파병반대국민행동' 2003년 3월 20일 미국 부시 정부는 석유 자원 확보와 국제 패권 유지, 친미 정권 수립 등을 목표로 이라크를 불법 침공했다. 미국은 우리나라에도 파병해 줄 것을 강력히 요청했다. 한국 정부는 미국의 압력에 굴복해 명분 없는 전쟁에 군대를 파병했다. 2003년 5월 서희부대와 제마부대, 2004년 8월에는 자이툰부대를 파병했다. 그 사이 이라크 무장단체는 한국의 2차 파병 철회를 요구하며 미군과 거래하던 한국 군납업체 직원 김선일 씨를 납치하여 살해하는 일이 벌어졌다.은 김선일 씨 죽음 이후 세 번에 걸쳐 전국 동시다발 추모 대회를 개최했다. 추모 대회는 시민들의 자발적 참여와 분노를 끌어내는 데는 성공했지만 한편으론 대중들의 분노를 관리하려 했다는 비판을 받았다. '파병 반대'라는 정치적 요구가 받아들여지지 않을 경우 어떻게 할 것이라는 계획이 없었다. 광화문은 촛불놀이(?)에 참석했다는 자족감만 있을 뿐 긴장감과 투쟁 동력을 잃은 채 지쳐가고 있었다. 지정된 연사의 천편일률적인 연설, 정해진 문화 공연이 끝나면 술집으로 이어지는 일상이 되풀이되고 있었다.

나는, 노무현 정권에게 사과하라고 읍소, 청원하는 투쟁을 더는 지켜볼 수 없었다. 파병을 강행하려는 정권에 대한 입장을 명확히 할 필요가 있었다. 파병 철회가 대통령 사과이며, 파병을 강행할 경우 정권 퇴진 투쟁에 나설 것임을 선언하고 행동하는 목소리가 절실했다. '파병반대국민행동'이 그럴 의지가 없는 이상 이에 동의하는 세력을 모아 독자 행동을 조직해야 했다.

'민지네' 민주노동당을 지지하는 네티즌 모임 회원 한 분에게 취지를 설명하고 제안서 작성을 부탁했다. 민주노동당 중앙당 상근자에게 연락해 투쟁 기조에 동의할 수 있을 만한 단체를 소개해 달라고 해 몇몇 단체의 연락처를 확보했다. 이메일을 보내고 전화로 제안 취지를 설명했다. 제안서를 들고 '사회진보연대'와 몇몇 단체를 직접 찾아갔다. '사회진보연대'가 적극 나서서 여러 단체와 연결했고 곧 실무자 회의가 잡혔다. 이렇게 해서 탄생한 게 '파병강행 노무현 퇴진을 위한 만민공동회'였다. '민지네'가 '네티즌 모임'의 특성을 살려 인터넷 홍보를 전담했다. 민주노동당 지구당, 노조, 대학, 시민단체 등 수백 개에 달하는 홈페이지에 주기적으로 '만민공동회'의 투쟁을 알리며 동참을 호소했다.

1차 만민공동회는 2004년 7월 10일 오후 두 시 탑골공원 정문 앞에서 열렸다. 주최 단체는 '민지네, 기독민중연대, 사회진보연대, 전국빈민연합, 다함께, 노동자의 힘, 이윤보다 인간을, 전국학생연대회의, 전국대학생공동행동'이었다. 민주노동당 최고위원회에 제안서를 보냈지만 '노무현 퇴진'에 동의할 수 없다며 참여를 거부했다. '민주노동자연대, 인권운동사랑방, 평화인권연대, 민주노동당 당원, 노동자, 누리꾼' 등이 참석했다. 각 단체의 발언과 김성만 동지의 노래, 이덕우 변호사의 국민투표 제안 등이 이어졌다.

만민공동회는 11월까지 5차에 걸쳐 인사동, 대학로, 명동, 대학교에서 집회, 행진, 가두시위, 단식, 농성, 토론회 등을 이어갔다. 노무현 정권의 이라크 파병에 맞섰고 '부시, 블레어, 노무현 전범민중재판' 운동도 함께 펼쳤다. 정권이 이라크에 파병한 부대 이름이 '자이툰'이었다. 자이툰은 아랍어로 올리브를 뜻하고, 올리브는 아랍에서 평화를 상징한다. 전쟁을 평화로 둔갑시킨 역사의 아이러니였다. 노무현 대통령은 그 해 12월 8일 유럽 방문 후 귀국하는 길에 자이툰 부대를 찾아가 '악어의 눈물'을 흘렸다.

혼자 하는
촛불시위

———————— 이명박 정권이 2008년 5월 미국산 쇠고기 수입을 재개하겠다고 밝히자 학생, 시민들이 거리로 나섰다. 100일 이상 하루도 빠짐없이 투쟁을 이어갔다. 나도 퇴근하기 무섭게 광화문, 서울시청 광장으로 달려갔다. 초저녁에 시작된 싸움은 으레 새벽까지 계속되곤 했다.

정권 퇴진 투쟁으로 확대되던 2008년 7월 어느 날, 시위대가 여기저기 흩어져 싸우고 있었다. 새벽 3시쯤 광화문우체국 앞에서 경찰 20여명과 시위대 100여명 사이에 실랑이가 벌어졌다. 차벽을 그대로 둔 채 시위대의 해산을 종용하는 경찰과 차벽으로 이미 도로 기능이 상실됐기 때문에 도로에 그대로 있겠다는 시위대의 설전이었다. 차벽을 치우고 차량 통행을 재개하겠다는 경찰의 말을 듣고 잠시 기다렸다. 의외로 경찰이 순순히 차벽 일부를 치우더니 1개 차선으로 차량을 보내는 것이 아닌가? 나는 광화문네거리로 내달렸다. 차벽이 열리면 광화문네거리에서 횡단보도시위 교통 신호에 맞춰 횡단보도를 오가며 구호를 외치는 시위를 하며 날을 새자고 동지들과 사전 약속을 해놓은 참이었다. 하지만 약속을 지킨 동지는 단 한 명도 없었다. 정신없이 뛰다 뒤돌아보니 따라오는 동지가 없었다. 차벽이 다시 닫히고 적지에 달랑 혼자 남게 되는 황당한 일이 벌어졌다. 시계 바늘이 새벽 3시 30분을 가리키고 있었다.

당시는 광화문네거리에서 경복궁 방향으로 개미새끼 한 마리 오갈 수 없었다. 골목 골목을 경찰과 차벽이 철통 같이 막고 있었다. 얼마 만에 다시 선 광화문네거리인데 맥없이 되돌아갈 수는 없었다. 주변 쓰레기통을 뒤져 초와 종이컵을 손에 쥐었다. 비흡연자였더라면 불이 없어서라도 포기했겠지만 다행히 나는 늘 라이터를 소지하고 다니는 흡연자였다. 손톱으로 종이컵을 찢는다는 게 구멍을 너무 크게 뚫어 촛농이 손으로 줄줄 흘러내렸다. 아스팔트 바닥에 붙어 있던 껌을 싼 은박지를 떼어 구멍을 대충 막았다. 수십 대의 경찰버스와 1천여 명이 넘는 경찰에 둘러싸인 채 광화문네거리 횡단보도에서 의도하지 않았던 1인 촛불 시위를 하게 됐다. 차도 행인도 없는 상태로 이순신 장군과 독대해야 했다. '저에겐 아직 초 한 자루가 남아있습니다.' 구호를 외쳤다간 연행될지도 모른다는 생각이 들어 침묵 시위로 일관했다. 횡단보도에 앉아있는 모습을 혹여 누구라도 봤더라면 술에 취해 퍼진 사람으로 오해했을 것이다.

달밤에 체조하는 놈이 신기했던지 경찰들이 주변을 오가며 자꾸만 위아래로 훑어봤지만 다행히 시비는 걸지 않았다. 오기가 생겼다. 초가 다 타거나 차벽이 열릴 때까지 자리를 지키기로 작정했다. 배고픔과 외로움은 문제가 되지 않았지만 오줌을 참느라 이마에 식은땀을 흘려야만 했다. 급기야 몸을 부르르 떨기까지 했다. 늦은 저녁을 먹으며 마신 술이 '웬수'였다. 소변을 누러 나갔다간 다시 돌아올 방법이 없었다. 그 자리에서 바지춤을 내릴까도 생각했지만 유혹을 참고 몸을 비비 꼬며 버텼다. 천만다행으로 동틀 무렵 초가 다 탔다. 조금만 늦었더라면 광화문네거리에서 바지춤을 내리는 대형 사고가 터졌을 것이다. 걸음아 나 살려라! 화장실로 직행했다.

색소 분사기
굴욕 사건

───────── 대학생 때부터 숱한 시위에 참가해 왔지만 그날처럼 굴욕스러
웠던 일은 없었다. 2008년 봄부터 광우병 소 수입 반대 촛불시위가 들불처럼 번
졌다. 시위는 여름이 되어서도 멈추지 않았다. 2008년 8월 15일, 간간히 비가 내
렸다. 오후 다섯 시쯤 누리꾼들과 한국은행 앞에 도착하자 수많은 깃발이 나부
끼고 있었다. 오랜만에 많은 깃발을 보자 심장박동이 빨라졌다. 경찰 2천여 명
이 파란 색소를 섞은 물대포를 발사하며 세 방향에서 덮쳤다. 퇴계로로 빠지는
본대를 따라가지 않고 옛 체신청 앞에 남아 경찰에 항의했다. 경찰은 인도에 있
던 사람들까지 마구잡이로 연행했다.

흩어졌던 시위대가 종로2가에 다시 집결했다. 다행히 시위대는 줄지 않고 그
대로였다. 시위대가 경찰 차량 넉 대를 포위하고 손을 좀 봐줬다. 시위대는 을
지로와 퇴계로를 거쳐 동대문운동장으로 이동했다. 대열이 긴데다 선두의 행진
속도가 빨라 동대문운동장에서 대열이 둘로 쪼개지고 말았다. 차량과 시위대가
뒤섞인 상태로 20분 가량 시간이 흘렀다. 시위 대열이 다시 행진하려는 순간 어
디서 나타났는지 경찰이 순식간에 시위대를 덮쳤다. 피할 곳이 없어서 현장은

삽시간에 아수라장으로 변했다. 두타 맞은편 포장마차 쪽으로 밀린 시위대는 포장마차와 가드레일 사이 폭이 채 1m도 안 되는 통행로에 갇혀 오가도 못하는 신세가 됐다. 가드레일을 넘다 연행되는 사람, 가드레일 밖으로 끌려 나가는 사람, 넘어지고 밟히는 사람, 뜨거운 국물에 몸이 닿아 절규하는 사람…… 음식에 색소 들어간다고 항의하는 상인들의 말을 무시하고 경찰은 시위대를 향해 휴대용 색소 분사기로 표적 발사를 했다. 휴대용 색소 분사기는 농약 분무기를 연상케 했다. 그 시각 경찰에게 시위대는 사회에서 뽑아 없애야 할 독초毒草였다.

경찰이 통행로 양쪽을 틀어막고 시위대를 연행하기 시작했다. 한 포장마차 주인이 손님으로 위장하라며 내 손목을 잡아챘다. 고마웠지만 그럴 수 없었다. 온몸에 색소가 묻어 현장을 벗어나는 게 급선무였다. 영락없이 붙잡혔다고 생각했는데 통행로 중간쯤에 지하로 통하는 계단이 보였다. 지하상가 입구였다. 지하상가에 경찰이 언제 진입할지 몰라 두려움에 떠는 사람들이 즐비했다. 그 자리에서 반팔 티셔츠를 구입했다. 하지만 팔과 손에 묻은 색소를 가릴 수는 없었다. 지하상가를 통해 무사히 두타로 이동했다. 사람들의 시선이 내게 쏠렸다. 화장실에 가서야 이유를 알 수 있었다. 거울에 비친 내 모습은 파란 괴물이었다. 얼굴은 물론 웃옷, 손바닥, 팔, 어깨가 모두 파란 색소로 뒤범벅이었다. 푸른 괴물을 보자 왜 그렇게 서럽고 분노가 치밀어 오르던지…….

웃옷, 넥타이, 메리야스를 벗어 휴지통에 버리고 몸을 씻었다. 얼굴에 묻은 색소는 지웠지만 30분이 넘도록 씻어도 손바닥, 팔, 어깨는 쉽게 지워지지 않았다. 청소 노동자에게 얻은 청소용 액체 세제로 씻자 조금씩 가셨다. 손톱으로 피부를 얼마나 세게 긁어댔는지 피부 곳곳에 손톱자국이 남고 심한 곳은 벌겋게 부어올랐다.

안전을 묻는 전화가 빗발쳤다. 밖에 있던 일행에게 연락해 옷을 부탁했다. 다해님과 일행이 바지와 긴팔 셔츠를 들고 나타났다. 두타 1층 정문을 통해 탈출을 시도했다. 하지만 사복 경찰이 문제였다. 그들은 먹잇감을 노리는 살쾡이처럼 색소 묻은 사람을 찾아 부근을 샅샅이 뒤지고 있었다. 지하철과 인도에서 사복 경찰에게 연행되는 사람들이 많았다. 우산을 깊게 눌러쓰고 팔짱을 낀 채 다해님과 연인 흉내를 내며 지하철역으로 내려갔다.

새벽 한 시가 넘어서야 무사히 귀가했다. 몸을 씻고 또 씻어도 굴욕감은 도무지 씻기지 않았다. 색소 분사기, 굴욕감을 안기는 참 지랄 맞은 진압 장비다.

무슨 일 있소?

──────── 20~30대에 부산에 갈 때면 늘 기차를 탔다. 출장이든 여행을 가
든 부산역에 도착하면 항상 영도 태종대를 먼저 찾았다. 태종대에서 바라보는
바다가 그렇게 좋을 수가 없었다. 시간에 쫓겨 일정에 차질이 생기는 일이 없는
한 늘 순환도로를 따라 걸었다.

30대 어느 날, 신선대에 도착하고 보니 해질 무렵이었다. 너럭바위에 앉아 혼
자 소주를 마시고 있는데 정장 차림의 젊은이 셋이 다가오더니 무슨 일 있느냐
고 물었다. 태종대에서 자살하는 사람이 많았다는 얘길 알고 있던 터라 그 젊은
이들의 마음 씀씀이가 고마웠다. 걱정하지 말라고 거듭 얘기했는데도 곧 어두워
질 거라며 입구까지 태워다 주겠다고 날 일으켜 세웠다. 그것으로도 걱정이 가
시지 않았는지 태종대 버스 종점이 아닌 영도를 한참 벗어난 곳에 내려줬다. 그
젊은이들의 마음이 내겐 부산 시민들의 인심 人心으로 기억되고 있다.

2002년까진 박창수 열사 1991년 한진중공업 노조위원장. 91년 2월 안기부에 연행돼 전노협
탈퇴를 강요받다 부상당해 안양병원에 입원했다. 안기부 직원으로 추측되는 사람들과 병실을 나선
지 몇 시간 뒤인 5월 6일 새벽 병원 마당에서 시신으로 발견되었다. 며칠 후 경찰은 최루탄을 쏘고 해

머로 영안실 벽을 부수며 난입해 시신을 탈취해갔다. 지금까지 의문사로 남아 있다. 가 한진중공업 노동자였다는 사실마저 까맣게 잊고 태종대를 드나들었었다. 그러다 2003년 김주익 열사 한진중공업지회장. 2003년 10월, 노조 탄압과 손해배상 가압류에 맞서 공장 안 85호 크레인에서 홀로 129일 동안 고공 농성을 하다 자살했다 와 곽재규 열사 2003년 한진중공업지회 총무. 김주익 열사가 죽은 지 15일 후 공장에서 자살했다. 를 보내고 나서부터 태종대가는 걸 중단했다. 바다를 바라보며 감상에 젖을 마음의 여유가 사라진 탓이었다. 최근 몇 년 동안 기차 대신 희망버스를 타고 부산에 가는 일이 잦아졌다. 목적지는 영도였지만 태종대가 아니라 한진중공업으로 갔다.

2013년 1월, 한진중공업 최강서 열사가 '158억 손배 가압류 철회, 노조 탄압 분쇄'를 외치며 세상을 등진 지 두 달이 지났건만 아직 장례조차 치르지 못하고 있다. 22년 전 박창수 열사 때처럼 경찰에게 시신을 탈취 당할지도 모르는 상황에 놓여 있다. 동료들과 가족은 공장 안에 있는 열사의 관에 매일 드라이아이스를 넣으며 싸우고 있다. 해질 무렵 태종대 신선바위에서 술을 마시고 있는 젊은 이에게 무슨 일 있느냐고 물으며 걱정스러워했던 몇 몇 부산 시민이 전해준 '사람의 마음 人心'을 잊지 못한다. 그 '사람의 마음 人心'이 슬픔과 분노에 절망하고 있는 한진중공업 노동자들에게도 전달되기를 간절히 바란다.

지금 한진중공업 노동자들이 상경해 삼청동 인수위와 박근혜 집 앞에서 1인 시위를 벌이고 있다. 오늘부터 대한문에서 농성에 돌입하고 23일(토) '전국노동자대회'와 '범국민대회'에 합류할 것이다. 또 24~25일엔 '긴급 노동 현안 해결 없는 박근혜 대통령 취임식 집중 투쟁'을 벌일 계획이다. 태종대 신선바위에서 술 마시던 젊은이에게 부산 시민들이 걱정스러워하며 물었듯이 이번엔 서울 시민들이 상경 투쟁 중인 한진 노동자들에게 사람의 마음人心을 담아, 이렇게 물었으면 좋겠다.

"무슨 일 있소?"

화염병 시위 예고

─────── '데모당' 연대와 사회 변혁을 꿈꾸는 사람들이 만든 페이스북 모임. 노동자들
의 투쟁에 연대하던 개인들이 투쟁 소식을 공유하고, 데모와 연대의 효율을 높이기 위해 2013년 7월
개설했다. 데모해서 남 주자, 여보세요, 거기 데모 없소? 내 고향 칠월은 데모가 번져가는 시절 같은
구호를 외치며 유쾌하게 노동자·소수자와 연대하고 있다. 이 2013년 8월 15일경 페이스북
을 통해 화염병 시위를 예고했다. 그 뒤 성명서와 화염병 시위 사진을 몇 차례
더 올렸다. 8월 24일 오후 일행들과 쌍용자동차 국민대회가 예정된 서울역 광장
에 집회 시작 한 시간 전에 도착했다. 철도노조 조합원들이 집회를 열고 있었다.
집회 후 쌍용자동차 국민대회에 참가할 모양이었다.

우리는 서울역 광장에서 데모당 깃발을 올렸다. 그러자 경찰들이 어디선가 나
타나 주변을 어슬렁거렸다. 밥을 먹으려고 서울역사 2층으로 올라가자 경찰이
그곳까지 따라와 감시했다. 늦은 점심을 먹고 나와 다시 데모당 깃발을 펼쳤다.
경찰 십여 명이 모여들었다. 온통 우리가 메고 있던 가방에 신경을 곤두세우고
있는 듯했다. 깃발 주변으로 가방을 멘 데모당원들이 더 모이자 남대문경찰서
기동대장이 경찰을 이끌고 달려들어 우리에게 가방을 열 것을 요구했다. 내가

불심검문을 거부하며 경찰 신분을 확인하려는 순간 가장 묵직해 보이는 가방을 멘 당원이 경찰 포위망을 뚫고 내달렸다.

경찰 간부가 "잡아, 나머진 고착!"이라고 소리 지르기 무섭게 다른 경찰들이 당원들을 포위했다. 포위당한 당원들이 경찰과 실랑이를 벌이며 집회 중이넌 철도노조 조합원들에게 도움을 청했다. 경찰과 몸싸움을 벌이고 있을 때 '대한문 대통령'으로 불리는 남대문경찰서 최＊＊ 경비과장이 나타났다. 그는 재차 당원들의 가방을 열려고 시도했지만 우린 가방을 사수했다. 집회 참가자가 워낙 많고 주변으로 사람들이 몰려들자 불리하다고 판단했는지 경찰이 포위를 풀었다.

경찰 정보관, 채증조 수십 명이 우리한테서 눈을 떼지 못했다. 우리는 집회 참가자들의 시선이 몰리는 계단으로 이동해 서로에게 눈짓으로 신호를 보냈다. 그리고 곧 행동을 개시했다. 아주 여유로운 표정으로 가방에 든 화염병 여덟 개를 꺼내 들었다. 사실 이것은 실제 화염병이 아니라 '쌍차국정조사실시'라는 문구를 적어 넣은 모형 화염병이었다. 신경을 곤두세우고 우리를 주목하던 경찰들이 허탈하고 황당한 표정을 지었다. 그러면서도 그들은 '긴장을 놓지 않았다. 경찰은 당원들이 메고 있는 가방을 주시했다. 그들의 시선을 끌기 위해 일부러 가방을 메고 왔으리란 생각은 상상도 하지 못하는 눈치였다.

잠시 후 당원 십여 명이 깃발을 앞세우고 모형 화염병을 든 채 집회장 가장자리에 자리를 잡았다. 마음이 안 놓였던지 최＊＊ 경비과장이 이번엔 남대문경찰서장을 대동하고 나타났다.

"데모당이 예고한 화염병 시위가 이겁니까?

"……."

나는 대답하지 않았다.

"부탁이니 제발 한 번만 가방 안을 보여 달라. 수사팀 4개조가 어제 혜화동 재능 집회 때부터 당신을 미행한 거 아냐? 윗선에 보고해야 하니 겉으로 만져만 보게라도 해달라."

서장이 거듭 간청했다. 나는 주변의 채증조를 즉시 물리라고 요구했다. 서장은 내 요구를 수용했다. 경찰이 그동안 한 짓을 생각하면 몇 배는 더 골탕 먹이고 싶었지만 집회에 방해가 되지 않도록 일단락지어야 했다. 나는 못이기는 척 가방 한 개를 만져보게 하고 다른 한 개는 열어서 안을 보여줬다. 경비과장이 손과 눈으로 직접 확인하고서도 의심이 풀리지 않았는지 가방을 전부 확인하고 싶다고 했다. 나는 당연히 거부했다.

"데모당한테 당한 거 인정한다." 다른 방도가 없었는지 경비과장은 씁쓸한 표정을 지으며 병력을 철수시켰다.

집회를 마치고 시청광장까지 행진했다. 우리 당원들은 화염병 모형을 들고 투척 퍼포먼스를 펼쳤다. 사복 채증조가 당원들의 얼굴을 카메라에 담았다. 행진과 뒤풀이까지 끝난 밤 10시경, 광화문광장 주변엔 여전히 수많은 경찰 병력이 배치돼 있었다. 경찰에게 데모 끝났는데 왜 철수하지 않느냐고 물었다. 경찰이 말했다. "데모당이 화염병 들고 나온다고 해서 비상이 걸렸다." 나는 웃는 얼굴로 뒤돌아서며 속으로 말했다. '긴장 풀지 마라. 다음엔 뭘 들고 나올지 모른다.'

삼성 경비원에 밀리는
대한민국 경찰

──────── 2013년 11월 13일 강남 삼성 본관 앞에서 최종범 열사 삼성전자서비스 AS 노동자로 노조 활동 중 자결 추모 문화제가 열렸다. 많은 데모당원들도 함께 했다. 그런데 문화제를 마치고 다음 행선지로 가려다 사건이 벌어졌다. 그날 벌어진 일을 재구성해 삼성 자본과 경찰의 본질을 폭로하고자 한다.

데모당원들과 문화제에 참석한 뒤 희망연대노조 민주노총 산하의 지역일반노동조합. 주로 케이블방송 노동자들이 가입해 있다.에서 주최하는 집회에 가기하기 위해 강남 역으로 통하는 서초동 삼성 본관 사잇길로 들어서자 보안 요원 용역 경비들이 길을 막아서더니 곧바로 바리게이트를 쳤다. 보안 요원들은 이 길은 사유지니 돌아가라 했다. 우린 삼성이 건물을 지을 때 지하철과 연계되도록 만든 통행로이므로 시민 통행을 방해하지 말라고 했다. 보안 요원들은 막무가내였다. 우리는 경찰에 신고하고 보안 요원들이 친 불법 바리게이트를 철거하기 위해 몸싸움을 벌였다.

보안 요원들은 그 과정을 캠코더로 채증하며 낄낄거렸다. 삼성 경비 직원이

비아냥거리며 도발하기까지 했다. 화가 난 당원 한 명이 머리를 디밀자 그가 휴대전화로 동영상을 찍으며 폭행으로 고소하겠다며 펄펄 뛰었다. 보안 요원들은 삼성의 명령만 떨어지면 언제든 덤벼들 태세로 우리를 노리고 있었다.

뒤늦게 경찰이 출동했다. 우리가 신고한 이유와 상황을 설명하자 경찰이 보안 요원들에게 길을 열 것을 요구했다. 그 말 한마디가 전부였다. 바리게이트도 그대로였고 보안 요원들의 채증도 멈추지 않았다. 주위에 있던 삼성 직원과 애길 나눈 경찰은 더 이상 할 일이 없다는 듯 수수방관하고 있었다. 오히려 우리더러 그냥 돌아가라는 말만 되풀이했다. 불법 행위를 처리하기 위해 경찰이 지원 병력을 부르는 일 따위는 일어나지 않았다. 그것은 현실에선 일어나지 않는 영화나 드라마 속 얘기였다.

우리는 우회하지 않겠다고 버텼다. 삼성과 경찰은 우리가 건물로 진입할 것을 우려했지만 그럴 생각은 전혀 없었다. 그게 걱정되면 지하철역까지 우리를 호위해도 좋다고 경찰에 요구했다. 우리의 제안을 경찰과 삼성 경비 직원 모두 묵살했다. 그때 주변을 서성이던 사람이 자꾸 시비를 걸었다. 그러더니 출동한 경찰과 삼성 경비 직원을 불러 무언가 수군거렸다. 현장을 지휘하는 경찰 정보관이었다. 우리가 사진을 찍자 초상권 침해라고 떠들었다. 공무 수행 중인 경찰이 초상권 운운하는 게 맞지 않다고 대들었다. 그러자 자기는 퇴근한 무전기를 든 채 자연인이라고 박박 우겼다.

잠시 후, 옆에서 깐죽거리던 삼성 경비 직원과 데모당원 사이에 작은 실랑이가 벌어졌다. 그는 우리 중 한 명에게 폭행당했다며 경찰에게 연행을 요구했다. 갑자기 경찰이 분주하게 움직였다. 경찰은 삼성 경비 직원이 촬영한 동영상을 보더니 우리더러 "그냥 사과하고 조용히 가라. 아니면 고소를 접수하겠다."며 인적사항을 요구했다. 경찰이 지구대에 연락하자 순찰차 두 대가 득달같이 달려왔다. 현행범 운운하며 한 명을 연행할 태세를 보였다. 우린 모두 체포하라며 맞대응했다.

옥신각신 하는 사이 1시간 30분이 지났다. 그즈음 경찰이 속내를 털어놨다.

"우린 힘이 없어요. 쟤들 보안 요원과 삼성 경비과 우리 말 안 들어요. 우리가 해결해주지 못해요."

삼성 자본의 사병을 앞에 두고 경찰이 내뱉은 푸념이었다. 한편으론 일선 경찰의 모멸감과 수치가 이해가 되기도 했지만 시민을 보호하지 않는 모습을 받아들이기 힘들었다. 자본 앞에서 경찰 스스로 자존감을 내팽개치는 모습도 납득할 수 없었다. 어쩌다 자본의 사병이 민중의 지팡이를 농락하는 세상이 되었단 말인가? 되돌아보면 이 모든 것은 경찰 스스로 무덤을 판 탓이다. 과거에도, 지금도 그들은 주권자인 시민을 위해 봉사하기보다는 대부분 권력을 위해 존재했다. 법 집행이나 경찰권 행사도 공평하지 않았다. 한 달 전, 힐러리 클린턴 미 국무장관이 런던을 방문한 적이 있었다. 그의 차량이 불법 주차된 것을 발견한 영국 경찰은 눈 하나 깜짝하지 않고 딱지를 뗐다. 이 소식을 들은 우리 경찰들은 도대체 무슨 생각을 했을까?

집회가 끝났으면 조용히 돌아갈 것이지 왜 일을 만드느냐고 하는 사람도 있을 것이다. 우리도 그렇게까지 하고 싶지 않았다. 용역이 통행로를 막고 바리게이트를 치기 전까지는, 신고를 받고 출동한 경찰이 삼성 자본의 사병과 한 목소리를 내기 전까지는, 우리도 조용히 돌아가려고 했다. 집회 내내 가뜩이나 좁은 폴리스라인에 갇혀 불편을 감수했는데, 통행권을 침해당하면서까지 고분고분 삼성의 뜻에 따를 순 없었다. 저들의 전횡과 폭력을 눈 뜨고 볼 수는 없었다. 우리도 호락호락하지 않다는 걸 보여주고 싶었다. 데모당은 그래야 한다고 생각했다.

우리는 논리엔 논리로, 힘엔 힘으로 맞섰다. 경찰과 삼성 경비과의 비논리를 꾸짖었고, 보안 용역과 바리게이트를 잡고 몸싸움을 벌였다. 사진을 찍어 SNS에 올리고, 기자들에게 사실을 알려 보도를 요청했다. 방송 장비를 다시 설치해 규탄도 했다. 삼성이 변하지 않는 한 나는 앞으로도 삼성을 불편하게 할 것이다. 집회가 열리기 전 30분쯤 일찍 나가 강남역에서 1인 시위를 하고, 집회장으로 갈 때에도, 귀가할 때에도 삼성전자 빌딩 사잇길을 이용할 것이다.

규탄 집회를 끝으로 삼성에 대한 항의는 마무리되었다. 그즈음 놀라운 일이 벌어졌다. 규탄 집회를 정리하고 자리를 뜨는데 경찰 정보관과 삼성 직원으로 보이는 사람이 어둠 속에 주차된 승용차에 동승하는 것이 아닌가? 그들은 같은 승용차를 타고 어디로 간 것일까?

며칠 후 똑같은 상황이 벌어졌다. 삼성 보안 요원들은 바리게이트를 쳤다. 우리는 항의했다. 이번에도 경찰에 신고하고 보안 요원들과 몸싸움을 벌였다. 경찰과 민변민주화를위한변호사모임의 권영국 변호사가 나서 바리게이트를 치우라고 했지만 지난번처럼 묵묵부답이었다. 그들은 우리를 막아서며 대뜸 이렇게 말했다.

"당신들은 그냥 시민이 아니고 데모당원이잖아?"

데모당 깃발도 들지 않고 데모당의 '데'자도 꺼내지 않았는데, 그들은 우리의 신분을 어떻게 알았을까?

"검색하면 다 알 수 있어."

보안 요원이 스마트폰과 우리 얼굴을 번갈아 쳐다보며 대꾸했다. 삼성은 서비스센터 조합원은 물론 조합원과 연대하는 시민들의 인물 정보까지 꿰차고 있었다. 삼성과 맞서려면 우리도 달라져야 한다. 좀 더 빠르고, 강하게 싸워야 한다.

며칠 후 세 번째 충돌이 있었다. 경비 직원이 없고 초겨울이라 날도 추워져 이번에는 강남역에서 삼성전자 본관을 지하로 가로지르는 통행로를 선택했다. 회전문을 열고 에스컬레이터에 오를 때까진 아무런 제지가 없었다. 그런데 어느 순간 보안 요원 3명이 건물 안쪽에서 달려왔다. 이미 두 차례 우리와 충돌했던 보안 요원들이었다. 데모하는 사람이 왜 이 길을 이용하느냐며 내 몸을 들어 회전문 밖으로 쫓아냈다. 그들 몸에 손끝 하나 대지 않았는데, 한꺼번에 달려들어 힘쓸 새도 없이 당했는데, 오히려 나한테 폭행당했다며 스마트폰을 꺼내 촬영을 했다. 그들의 적반하장도 기가 막혔지만 더 놀라운 건 그들의 정보력과 기민성이었다. 보안 요원들이 그토록 빨리 현장으로 달려올 수 있었던 건 회전문 앞 천장에 설치한 CCTV에서 정보를 얻었기 때문이었다. 그들은 CCTV와 연결된 안면 인식 프로그램을 작동시키고 있었던 것이다. 경찰도 모자라 이제는 민간 기업까지 시민을 감시하고 있는 것이다. 아, '빅브라더'의 세상을 어떻게 하면 끝장낼 수 있을까?

열 명이 연행되면
백 명으로

———————— 빗속에 이곳저곳 투쟁 현장을 찾아다니다 보니 좀 무리를 했나
보다. 몸살기가 있어 재능 종탑 1박 2일 투쟁을 끝까지 함께하지 못하고 귀가했
다. 요즘 들어 집회에서 연행되는 사람이 눈에 띄게 늘었다. 박근혜 정권이 자충
수를 두고 있다. 연행으로 투쟁의 예봉을 꺾을 수 있으리라 생각한다면 그것이
얼마나 잘못된 판단인지 박근혜 정권도 곧 알게 될 것이다.

즐겨 부르던 노래 중에 '구속 동지 구출가'가 있다. "선봉의 동지들이여 구속
된 동지여 동지의 뜻을 따라서 그대 자리 채우리라 폭풍우 거친 후 새순이 번
지듯이 피로써 자라난 역사 이 땅의 주인은 노동자 아~ 당당한 형제여 노동해
방 투사여 아~ 내 사랑 동지들이여 투쟁으로 구출하리라~" 이 노래를 부를 때면
내 가슴은 슬픔으로 물들었다가 이내 뜨거운 결의로 채워진다. 한 명이 연행되
면 열 명이 그 빈자리를 채우고, 열 명이 연행되면 백 명이 다시 그 자리를 채우
는 것이야말로 연행, 구속된 동지를 구출하는 가장 빠르고 효과적인 방법이다.

2013년 대한문 앞 쌍용차분향소 철거에 맞선 투쟁에서 성공회대생이 몇 명이
연행되자 이틀 연속 성공회대생 20~30명이 대한문 투쟁에 결합했다. 그들은 빈

자리를 채우는 게 답이라는 사실을 알고 있었다. 그들과 비슷한 또래였을 때 나 또한 그들처럼 그 답을 알게 되었다. 동지를 연행한 경찰을 물리력을 동원해 응징하고, 동지를 구출하려 투쟁했다. 다음 세 이야기는 학창시절 내가, 내 후배가, 동지들이, 연행된 친구를 위해 벌인 싸움이다. 싸움의 성과가 있었든 그렇지 않았든 내 기억 속에는 귀한 경험으로 남아 있다.

상황 1

88년 가을, 가투에서 동기가 경찰에 연행됐다. 경찰의 압수수색에 대비해 동기의 자취방을 치우고 학생회관으로 돌아와 쉬고 있었다. 그 때 2학년 후배가 달려와 1학년 후배 2명이 파출소를 타격하고 있다는 소식을 전했다. 현장에 가보니 거리가 20여 미터밖에 안 되는 학교 후문과 파출소 사이에서 후배들이 파출소를 향해 화염병을 던지며 선배를 구출하자는 구호를 외치고 있었다. 불러서 사사로운 싸움이라 꾸짖었지만 동지에 대한 의리 없이 어찌 동지애를 말할 수 있겠냐는 생각이 들어 속으로는 웃었다. 그것은 흐뭇함이었고 희망의 웃음이었다.

상황 2

89년 4월 8일 '민중운동탄압분쇄를 위한 노학선봉대 출정식'이 한양대학교에서 열렸다. 연합집회라 며칠 전부터 화염병만 수천 개를 만들었을 정도로 전투 물량을 엄청나게 준비했다. 교문 밖으로 진출해 도로에 전선을 치고 세 시간째 싸우고 있었다. 그 즈음 백골단무술 유단자와 특전사 출신으로 구성된 사복체포경찰. 흰색 헬멧, 작은 방패와 단봉으로 무장한 채 시위대를 폭력으로 제압하고 체포하는 일을 담당했다. 백골단이 시위 진압에 투입되면서 학생들도 각목과 화염병으로 저항하기 시작했다.의 침탈에 여학생 한 명이 포로가 되었다. 소모전이 계속되던 상황이라 싸움을 정리하려던 순간에 발생한 일이었다. 성동경찰서 경비과장에게 연행된 후배를 돌려주지 않으면 철야투쟁에 돌입하겠다고 선언했다. 엄포가 아니라 실제로 그럴 작정이었다. 두 시간 정도 전투를 더 벌였다. 해가 서산을 넘고 있었다. 그때였다. 성동경찰서 방향에서 경찰차가 다가왔다. 잠시 후 연행됐던 후배가 차에서 내려 우리 쪽으로 걸어오는 게 보였다. 우리는 환호했다. 흔치 않은 일이었다.

상황 3

1990년 1월 22일 전두환의 군사반란에 뿌리를 둔 민주정의당은 여소야대를 만든 국민의 의사를 무시하고 야당인 통일민주당, 신민주공화당과 3당 합당 민자당 을 선언했다. 주권자인 국민의 의사에 정면으로 도전하는 노태우, 김영삼, 김종필 세 정치 보스들의 밀실 야합이었다. 국민이 야합에 반대하는 것은 당연한 일이었다.

90년 봄부터 대학생들이 중심이 되어 전국적으로 민자당 해체 시위가 벌어졌다. 그해 5월 9일, 성균관대 자연과학캠퍼스 민학련 민주주의학생연맹 위원장이 가투를 하다가 경찰에 연행됐다. 다음날 밤 9시 성균관대 민학련 학생 300여 명이 캠퍼스 근처에 있는 율전파출소를 공격했다. 학생들은 화염병과 쇠파이프로 파출소 문을 부수고 들어가 파출소장과 경찰관을 포로로 잡은 채 1층 사무실, 2층 숙직실, 옥상을 30분간 점거했다. 철조망을 뜯고 유리창을 깨고 집기를 불태웠다. 요구는 오직 하나 위원장과 연행된 열 명의 동지를 석방하라는 것이었다. 당일 오후 3시, 7시 두 차례에 걸쳐 파출소를 타격했지만 요구사항이 받아들여지지 않자, 점거투쟁을 벌인 것이다. 돌이켜 생각해보면 무모하다고도 할 수 있는 일이었지만 경찰에게 국민의 의사에 반하는 행동을 함부로 하지 말라는 경고성 투쟁이었다. 경찰만 물리력을 사용할 수 있는 게 아니라 마음먹기에 따라선 우리도 충분히 물리력을 사용할 수 있다는 메시지를 강력하게 전달한 것이다.

현대차, 우리도
끝까지 책임을 묻겠다

───────── 2013년 여름, 현대자동차 비정규직 노동자들이 정규직화를 요구하며 277일째 송전탑에서 고공 농성을 하고 있었다. 중앙노동위원회가 불법 파견이라고 판정했음에도 현대차 자본은 꿈쩍도 하지 않았다. 정부도 손을 놓고 있었다. 법도, 정부도 자본 앞에선 무용지물이었다. 노동자 편에 선 건 시민들이었다. 전국에서 비정규직 노동자와 연대하기 위해 '희망버스' 2010년 10월 20일 탄생했다. 한진중공업 파업 사태 때 타워크레인에 올라가 고공 시위를 벌였던 김진숙 민주노총 부산본부 지도위원과 조합원들을 응원하기 위해 시민들이 자발적으로 운행한 버스이다. 희망버스는 그 후 2014년까지 현대자동차 비정규직 노동자, 쌍용자동차 해고 노동자 연대로 계속 이어졌다. 를 타고 전국에서 울산으로 모여들었다. 2013년 7월 20일 1차, 2차 희망버스에 이어 3차 희망버스가 울산을 향해 출발했다. 경찰은 오천여 명의 병력을 배치해 대비했다. 현대차는 '희망버스'를 '혼란버스'로 규정했다. 맞는 말이었다. 희망버스는 자본의 착취 질서에 혼란을 초래하기 위해 출발한 버스였다.

나는 희망버스가 오기 몇 시간 전에 미리 현대차 공장에 도착했다. 광화문 명박산성 2008년 광우병 쇠고기 수입 반대 촛불집회 때 경찰이 광화문을 컨테이너로 성벽을 쌓아 봉쇄한 것을 이르는 말을 능가하는 몽구산성이 공장 정문 앞에 세워지고 있었다. 사람이 오르지 못하도록 컨테이너에 경사면까지 설치했다. 우익 단체와 울산상인연합회가 동원한 사람들이 도로 건너편에서 희망버스 물러가라고 소리를 질러댔다. 현대차 비정규직 노동자들이 몽구산성 앞에서 출정식을 열고 수백 개의 만장죽봉을 든 채 희망버스가 도착하는 송전탑으로 이동했다.

송전탑 농성장 부근 현대차 3공장 도로에서 약식으로 민주노총결의대회를 치렀다. 집회가 목적이 아니었다. 집회 도중 만장을 든 대오가 전투 태세에 돌입했다. 3공장 철책을 밧줄로 묶고 잡아당겨 순식간에 무너뜨렸다. 철책 40~50m가량을 뜯어내고 그곳에서 전투를 벌였다. 헬멧, 곤봉, 방패로 무장한 관리직과 용역이 소화기를 난사했다. 얼마나 쏴대는지 3공장 일대는 짙은 안개가 낀 것처럼 한치 앞도 보이지 않았다.

시간이 흐르자 내성이 생긴 전투조는 소화기 분말을 깃발을 흔들어 흩뜨렸다. 다급해진 현대차가 소방차를 동원해 물대포를 쐈다. 저들도 사전 준비를 철저히 한 듯했다. 여름이라 소화기보단 물대포가 견디기 편했다. 관리직과 용역이 입에 담지 못할 욕을 퍼부으며 곤봉과 방패를 휘둘렀다. 경찰보다 악랄했다. 노동자와 자본에 투항한 개가 벌이는 전투였다.

전투조 오른쪽에서 물대포를 쏘며 진입하는 경찰을 여성 동지들이 스크럼을 짜고 막아냈다. 싸움이 시작된 지 세 시간쯤 지났을 무렵 전투를 정리하려는데 이번엔 경찰이 전투조 왼쪽에서 진입해 현대차의 개들과 전투조 사이를 가로막았다. 뜯겨나간 철제 담장을 경찰 버스로 가려 주기 위해 진입한 것이었다. 경찰도 자본 편이었다. 그 틈을 이용해 현대차는 중장비를 동원 허겁지겁 철제펜스를 다시 설치했다.

최근 몇 년 사이 보기 힘든 격렬한 전투였다. 의지와 사전 준비만 있다면 제대로 싸울 수 있다는 자신감을 얻은 것이 값진 성과였다. 울산에 널린 게 현대차 공장이다. 언제든 마음만 먹으면 타격할 수 있단 얘기다. 법마저 자본과 권력이 무시하는 상황에서 우리도 언제까지 준법 투쟁만 할 순 없는 노릇 아닌가! 현대차는 희망버스 참가자를 상대로 민형사상 고소 고발과 손해 배상을 청구해 끝까지 책임을 묻겠다고 선언했다. 우리 역시 현대차의 비정규직노동자 착취에 대해 끝까지 책임을 물을 것이다. 투쟁으로!

직업병의 계보―
온도계공장, 원진레이온, 삼성전자

──────── 쌍용차 문기주 지회장이 고공 농성을 벌이던 철탑에서 내려와 녹색병원에 입원했다. 오늘 문 지회장을 만나고 돌아왔다. 많은 생각이 떠올랐지만 그 가운데 유독 한 소년의 이름이 내내 뇌리에서 맴돌며 숨죽이고 있던 옛 기억을 끄집어냈다.

더위보다 올림픽 준비로 열기가 더 뜨거웠던 88년 여름이었다. 그해 7월, 열다섯 살 소년이 꽃봉오리 한 번 피워보지 못하고 죽었다. 문송면. 그는 공장에서 일하면서 야간고등학교에 진학할 수 있다는 희망을 품고 영등포에 있는 온도계공장에 취직했다. 그러나 입사한 지 두 달 만에 수은 중독에 걸려 몇 달 후 세상을 떠났다. 자본이 이윤을 위해 얼마나 잔인해질 수 있는지 보여준 사건이었다. 3개월간 이어진 투쟁에 노동부가 손을 들고 산재를 인정했다.

7월 17일, 영등포 공장 앞에서 영결식을 마치고 영등포 시장에서 노제를 치르려 하자 경찰 수천 명이 막아섰다. 몸싸움이 벌어졌고 경찰이 휘두른 방패에 많은 사람이 다쳤다. 앞줄에 있던 나도 허벅지가 찢어졌다. 문송면은 그날 오후 전태일 열사가 있는 마석 모란공원에 잠들었다. 하지만 그의 영혼은 우리 곁에서 새로운 싸움을 시작했다. 그것은 산재로 죽음에 내몰린 노동자들을 살리는 투쟁의 시작이기도 했다. 문송면대책위에서 활동하던 단체와 개인이 '원진레이온대책위'를 만들었고, 원진레이온 직업병 피해자와 가족은 '원가협' 원진레이온직업병피해자가족협의회 을 결성했다. 원진 산재추방투쟁을 위한 기틀을 마련한 것이다.

인견사 인조 실크 를 생산하는 원진 공장은 망우리 고개 넘어 덕소 가기 전 도농역 왼편 지금은 아파트가 들어섰다. 에 있었다. 일본에서 폐기 직전의 기계를 들여와 1966년 가동을 시작했다. 노동자들은 작업 과정에서 이황화탄소 CS2 에 아무런 안전장치 없이 방치되었다. 88년 7월, 원진의 열악한 작업 환경이 언론에 보도되면서 사회문제로 떠올랐다. 노동부는 어처구니 없게도 이런 회사에 2만5천 시간 무재해 기록증을 발급해주고 있었다. 89년에 이황화탄소 중독 판정을 받은 첫 사망자가 나오고, 1991년 1월에 사망자가 또 발생했다. 경찰이 영결식을 치르기 위해 공장 안으로 들어가려던 가족과 참가자들을 무참히 짓밟았다. 원진레이온대책위는 장례를 무기한 연기하고 투쟁에 돌입했다. 몇 달간의 투쟁 끝에 회사와 정부로부터 항복을 받아냈다.

원진레이온은 93년에 폐업했다. 이 과정에서도 투쟁은 계속됐다. 몇 년간 지속된 투쟁으로 보상, 원진 전문병원 설립, 재취업 등을 쟁취했다. 원진 직업병 환자의 치료와 재활을 위해 99년 경기도 구리시에 원진녹색병원이, 2003년 서울 면목동에 녹색병원이 세워졌다. 신문 기사에 따르면 원진레이온을 거쳐 간 노동자가 만 8천명에 이른다고 한다. 이 중 1,579명이 직업병 판정을 신청했고 이 가운데 726명이 이황화탄소 중독을 인정받았다. 지금까지 원진 이황화탄소 직업병으로 50여 명이 사망했다.

'문송면'은 지금도 투쟁 중이다. 이번엔 삼성과 맞서고 있다. 삼성전자에서 근무한 뒤 혈액암 등으로 사망한 노동자가 58명이다. 작년 한 해에만 다섯 명이 숨졌다. 그런데도 환경부는 삼성전자 여덟 개 공장을 지난 1996년부터 17년째 녹색기업으로 선정해왔다. 그것만으로도 부족했는지 이명박 정권은 삼성전자에 2년 연속 산재보험요율을 감면해줬고 산업재해 발생률이 낮은 '무재해사업장'이란 이유로 20개월간 약 300억 원의 이익을 따로 챙겨줬다. 30년 가까이 지났는데, 노동부가 원진레이온에 2만5천 시간 무재해 기록증을 발급해준 사건보다 노동자 보호 정책은 오히려 뒷걸음질을 치고 있다. 자본과 권력이 노동자를 일회용 소모품으로 취급하고 있음을 극명하게 보여 주는 사례다. 삼성전자는 이 모든 것을 숨기고 2012년 3분기 매출 52조원, 영업이익 8조원을 달성해 분기 사상 최고 기록을 갈아치웠다고 자랑했다. 반노동자, 반인간 자본 삼성의 가면을 벗기기 위해 소년 노동자 문송면은 지금도 우리와 함께 싸우고 있다. 온도계공장의 문송면이 그랬듯이, 원진레이온 노동자가 그러했듯이, 이번에도 우리가 이긴다.

김정우 쌍용차노조 지부장의
단식을 보며

———————— 고교 동창 두 명과 몇 년 만에 밥을 먹었다. 선거 때마다 내가 지지하는 후보를 도와달라고 표를 부탁했던 친구들이다. 미안하기도 하고 선거도 얼마 남지 않은 상황이라 내가 먼저 나서서 자리를 마련했다. 이런저런 얘길 나누다 '쌍용차' 문제를 꺼냈다. 한 친구가 처음 듣는 얘기라고 할 때 깜짝 놀랐다. 이렇게 해서 얻은 표가 도대체 무슨 힘이 될까 하는 생각이 들었다. 수단이어야 할 '표'가 목적이 돼버린 건 아닌지 반성했다.

내 페이스북 친구 가운데 쌍용차 문제를 모르는 이는 1%도 되지 않을 거라 확신한다. 하지만 그게 함정이었다. 사회 구성원 대부분이 이 비극을 알고 있을 거란 착각에 빠진 것이다. 페이스북을 시작한 지난 몇 달간 나는 심각한 착각에 빠져 살았다. 오늘 동창과의 만남이 SNS 밖 관계에 소홀했던 내 자신을 되돌아보는 계기가 됐다.

어제 쌍용차노조 김정우 지부장이 단식 투쟁에 돌입했다. 호소문을 낭독하면서 꺼낸 첫 마디가 "유서를 읽겠습니다."였다. '끝장 단식'이라고 쓴 현수막과 그 아래 상복을 입은 채 앉아있는 지부장의 모습을 보자 온몸이 감전이라도 된

듯 소름이 돋았다.

22년 전 10월, 서울에서 천릿길을 달려 진주교도소로 이감됐다. 몇 달 만에 차를 탄 탓에 멀미가 심해 노란 위액을 넘길 정도로 심하게 토했다. 이감된 다음날 옥중투쟁위원회가 단식 투쟁을 결정했다. 이감하느라 고생했다며 빠지라고 했지만 물불 안 가리던 청춘이었기에 나도 참여하겠다고 했다. 방에 있던 모든 음식물을 창살 밖으로 내던지며 시작된 단식은 며칠 안 가리란 교도소의 예상을 깨고 12일 동안 계속됐다. 정해진 시간에 방문 차기, 구호 외치기 외에 하는 일이라곤 드러누워 체온을 유지하는 게 전부였다. 옥살이도 억울한데 밥까지 굶어야 한다는 사실이 서러워 간혹 눈물을 찔끔거리기도 했다. 할 수만 있다면, 요구 사항은 거들떠보지도 않고 비웃기만 하는 보안과장과 교도소장을 테러하고 싶기까지 했다.

단식은 선택할 수 있는 모든 투쟁 수단을 빼앗긴 재소자의 최후 선택이었다. 버티자고 버텨야 한다고 다짐하며 굶었다. 닷새가 지나자 오기가 발동했다. 아무런 성과 없이 단식을 중단할 수는 없었다. 그만큼 절박했다. 우리는 면회 제한 해제를 간절히 원했다. 자존심도 허락하지 않았다. 가족들이 달려와 담장 밖에서 농성을 하고 언론에 한 줄짜리 토막 기사가 나고 나서도 일주일이 더 지나서야 보안과장이 옥중투쟁위원회 대표를 불렀다. 우리의 요구는 관철되었다.

단식 투쟁은 잔인하다. 인간의 가장 원초적인 욕구를 억제하는 투쟁 방식이기에 말릴 수만 있다면 말리고 싶다. 단식 투쟁을 하는 이들은 "우리가 힘이 있다면, 다른 방법이 있다면 목숨을 담보로 싸우지는 않을 것"이라고 말한다. 맞는 말이다. 단식 투쟁을 선택하지 않게 하기 위한 해답은 사실은 우리에게 있다. 연대이다. 투쟁하는 이들은 고립돼 있다고 느끼는 순간 극단적인 선택을 했다. 2003년, 100일이 넘도록 타워크레인에서 외쳤지만 사회가 끝내 침묵하자, 한진중공업노조 김주익 열사는 끝내 죽음으로 항거했다.

너무 많은 쌍용자동차 해고 노동자들이 죽음을 선택했다. 이명박 정권이 무력으로 파업을 진압한 후 지금까지 조합원 스물세 명이 목숨을 끊었다. 그때마다 김정우 지부장은 상복을 입었다. 어제 김정우 지부장은 이렇게 말했다.

"혈관 따라 죽음이 흐르는 것을 더는 두고 볼 수 없고, 다시 상복 입고 살아가기가 너무나 버겁다. 곡기를 끊어 생명을 살릴 수 있다면 이 길을 마다하지 않겠다."

김 지부장은 절박했다. 하지만 목숨을 담보로 싸우는 그의 단식 투쟁을 중단시켜야겠다. 우리가 다 알고 있듯이 방법은 하나뿐이다. 쌍용차 노동자들의 외침을 듣고, 기억하고, 전하는 사람들의 목소리가 더 커져야 한다. 강고한 연대의 힘만이 김정우 지부장의 '끝장 단식'을 중지시킬 수 있다. 죽음의 행진을 스물셋에서 멈추게 할 유일한 방법은 연대뿐이다. 연대는, 쌍용차 노동자들이 왜 싸우는지, 그들의 싸움이 어째서 정당한지 한 사람에게라도 더 알리는 데서 시작된다. 귀를 열어 듣고 입을 열어 말하는 순간, 연대는 시작된다. 어렵지도 않고 멀리 있지도 않다.

올 가을엔 SNS 밖으로 좀 더 자주 나가, 좀 더 입을 열어 외쳐야겠다.

신문 배달과
코오롱 노동자

───────── 초등학교 6학년 때 친구 따라 신문 배달을 시작했다. 집안에 보태거나 스스로 학용품 살 돈을 벌어볼 생각으로 시작한 게 아니었다. 지금 생각하면 참 유치하지만 군것질을 마음껏 하고 싶어서였다. 남들처럼 과자, 사탕, 아이스크림을 보란 듯이 먹고 싶었다. 그렇게 군것질을 하려고 엄마를 조르는 일도, 그러다 혼쭐이 나는 일도 지쳐갈 즈음이었다.

지방 일간지여서 구독자는 적었지만 배달 구역은 엄청 넓었다. 한 부를 배달하기 위해 2km 이상 떨어진 곳까지 가야 하는 경우도 있었다. 먼 곳으로 배달을 갈 때마다 제발 그 집이 신문을 끊어줬으면 하는 마음이 간절했다.

비가 오는 날은 더 힘들고 짜증도 났다. 몸뚱이보다 신문이 더 중요했다. 몸은 흠뻑 젖어도 신문은 뽀송뽀송한 상태로 배달해야 했다. 비닐 봉투에 1부씩 담은 신문더미를 자전거 뒷좌석에 얹고 비닐로 한 번 더 감쌌다. 평소처럼 밖에서 던지지도 못하고 집안으로 들어가 마루에 곱게 놓고 나와야 했다. 1부 배달하려고 외진 곳까지 가는 게 정말 싫었다. 빼먹고 싶은 마음 굴뚝 같았지만 결국은 씩씩거리면서 자전거 페달을 밟았다. 제작 사고라도 나서 영업소에 신문이 도착하지 않기를 바라기도 했지만 내가 일하는 동안 그런 일은 일어나지 않았다. 영업소에서 삽지 광고지 를 넣고 배달까지 마치는 데 세 시간 정도 걸렸다. 배달 끝냈다고 일이 끝난 게 아니었다. 영업소로 돌아와 상황을 보고해야만 끝이 났다. 간혹 영업소에 신문이 안 왔다는 전화가 걸려올 때도 있었다. 분명히 배달했는데 누군가 집어간 것이다. 그럴 땐 어쩔 수 없이 다시 가야만 했다.

늘 속상한 일만 있는 건 아니었다. 고생한다고 할머니들이 간혹 간식을 주실 때면 콧노래를 불렀다. 영업소에서 한두 부 더 챙긴 신문을 길에서 50원에 파는 날은 기분이 째지게 좋았다.

한 달 급여는 5천원, 하루 200원꼴이었다. 그나마 첫 월급은 일 시작하고 3개월째에 받았다. 2개월분은 보증금이라 그만둘 때 준다고 했다. 일찍 배달을 시작하여 제 때 월급 받는 친구들이 그렇게 부러울 수 없었다. 명절에 친구들이 선물로 비누를 받을 때도 난 수습이라고 주지 않았다. 내가 경험한 첫 '노동차별'이었다.

6개월쯤 일하고 나니 이 중노동을 내가 왜하나 싶었다. 영업소장에게 그만두겠다고 말했다. 받지 못했던 2개월분 월급을 생각하며 내심 들떠 있었는데 영업소장은 나중에 오라고 했다. 며칠째 찾아갔지만 같은 말만 되풀이했다. 영업소장의 말이 처음과 달랐지만 항의도 하지 못했다. 억울하고 서러워서 가슴이 저렸다. 친구들 놀 때 꾹 참고 땀범벅이 되도록 일했는데 월급을 떼이게 되자 화병이 생겼다. 시름시름 앓았다. 밥상에서, 책상에서, 운동장에서 시도 때도 없이 울고 지내던 어느 날 어머니가 도대체 왜 그러느냐고 물었다. 자초지종을 설명했다. 어머니랑 영업소를 찾아갔지만 소득이 없었다. 그렇게 2개월분 월급 1

만원을 떼였다. 오밤중에 몰래 영업소에 돌을 던져 유리창을 깨봤지만 서러움과 억울함이 풀리지 않았다. 지금도 고향에 가서 그 영업소 앞을 지날 때면 가래침을 뱉는다.

억울함을 풀기 위해 10년째 싸우는 노동자들이 있다. 두 달치 월급을 떼이고도 난 화병이 날 지경이었는데 그 분들 마음은 오죽하겠는가? 구멍가게도 아닌 코오롱이 2005년 2월 당시 재계 순위 23위 경영이 어렵다며 78명을 정리해고 했다. 노조 활동에 적극적이던 이들이 표적이었다. 형편이 어렵다던 회사는 곧바로 용역 깡패를 고용해 1년간 공장에 상주시켰다. 그것도 해고자보다 거의 두 배에 가까운 120여 명을 고용했다.

해고자들은 이에 굴하지 않았다. 2005년 7월 해고자 중 한 명이 코오롱노조 10대 임원 선거에 출마해 당선됐다. 선거 직후 회사는 노골적으로 노조 파괴 공작을 시작했다. 선관위원장을 회유하고 매수해 당선 무효 공고를 낸 것이다. 2006년 1월 노동부 특별 조사 결과 회사의 부당노동행위 선거 개입 사실이 밝혀져 코오롱 인사팀장이 구속됐다. 10년 동안 삭발, 삼보일배, 천막 농성, 단식, 고공 농성, 본사 점거, 회장 면담 투쟁, 구속, 광화문 빌딩 점거 농성, 코오롱스포츠 불매 운동, 전국 산악 등반 등 안 해본 투쟁이 없을 만큼 쉼 없이 싸웠다.

아직도 열두 명의 해고 노동자가 코오롱과 싸우고 있다. 최일배 위원장은 과천 코오롱 본사 앞에서 40여일 가까이 곡기를 끊은 채 싸우고 있다. 어린 시절 사용자에게 농락당한 경험을 가진 난 다른 건 잘 몰라도 그가 얼마나 억울할지는 짐작이 간다. 합의를 짓밟고 정리해고의 칼을 휘두른 지 이제 곧 10년이다. 늦었지만 코오롱에 아직 기회는 있다. 정리해고 10년이 되는 2015년 2월이 오기 전에 노동자에게 사과하고 전원 복직시켜야 한다. 법과 제도는 그들의 억울함을 외면하고 코오롱 자본의 손을 들어줬지만 사람들은 그들을 외면하지 않았다. 그들의 억울함과 10년 투쟁을 기억하는 이들이 지금도 코오롱 본사를 에워싸고 외치고 있다.

"정리해고 철회하고, 노동자에게 사과하라!"

고공 농성 80년,
하늘 사람들이시여

—————— 무더위가 기승을 부리던 2013년 8월 초순이었다. 해고된 학습지 노조 여성 노동자 두 명이 재능교육 본사 맞은편 혜화동성당 종탑에서 200여 일째 고공 농성을 벌이고 있었다. 그들은 높이 25m 종탑에서, 그것도 난간도 없는 비좁은 공간에서 '해고자 원직 복직, 단체 협약 원상회복, 노조 탄압 중단'을 요구하고 있었다. 눈, 비, 태풍, 폭염을 견뎌야 하는 위험한 상황이었다.

일요일 아침, 종탑에서 전화가 걸려왔다. 다급한 목소리로 내게 혹시 아는 의사가 있느냐고 물었다. 한 명이 며칠째 피오줌을 누고 열이 오르내린다고 했다. 사측은 물론 조합원들에게도 절대 알리지 말고 의사와 종탑으로 와달라고 읍소했다.

몇 년 동안 연락 한번 하지 않던 친구에게 염치 불고하고 전화를 걸었다. 다행히 그가 흔쾌히 응해주었다. 친구와 둘이 수액을 준비해 종탑에 도착했다. 종탑 내부 계단을 따라 오르는 길이 끝나는 지점에서 난관에 봉착했다. 이제부터는 벽에 고정된 철근 계단을 잡고 올라가야 했다. 친구가 고소공포증 때문에 더 이상 올라가지 못했다. 할 수 없이 해당 노동자가 몇 미터 아래로 내려왔다. 문제는 그것으로 끝이 아니었다. 친구가 주사를 놔본 지가 하도 오래돼 혈관을 찾을 수 있을지 모르겠다고 했다. 의사가 된 뒤로 주사는 대부분 간호사가 놓았기 때문이라고 했다. 내심 걱정했는데 하늘이 도왔는지 다행히 한 번에 성공했다. 친구는 해고 노동자에게 수액을 갈아 끼우는 방법과 유의 사항을 친절하게 설명해주었다. 그녀는 곧 다시 종탑으로 올라갔다. 종탑을 내려오는데 자꾸 눈물이 났다.

열흘 뒤 좋은 소식이 날아왔다. 두 노동자는 사측과 잠정 합의안을 도출했다. 그들은 종탑에 오른 지 202일 만에 땅을 밟을 수 있었다.

한국 노동운동사에서 고공 농성의 역사는 80년이 넘었다. 1931년 5월29일 평양의 고무 공장 노동자 강주룡이 평양 을밀대에 올라갔다. 한국 노동운동사 최초의 고공 농성이었다. 저임금 노동자의 임금을 10% 삭감하면서도 주주들에게는 이익의 10~20%를 배당하는 사측에 맞서기 위해서였다. 그로부터 70여 년이 흐른 2003년, 한진중공업 노조의 김주익 지회장이 35m 높이 85호 크레인에 올랐다. 그는 129일간 농성하다 추석을 이틀 앞두고 싸늘한 주검이 되어 땅으로 내려왔다. 노동자의 삶과 자본의 태도는 지금이나 일제강점기나 하등 다를 게 없었다. 그가 남긴 유서다.

"노동자가 한 사람의 인간으로 살아가기 위해서는 목숨을 걸어야 하는 나라, 그런데도 자본가들과 썩어빠진 정치꾼들은 강성 노조 때문에 나라가 망한다고 아우성이다. 1년 당기 순이익의 1.5배, 2.5배를 주주들에게 배당하는 경영진들, 그러면서 노동자들에게 회사가 어렵다고 임금 동결을 강요하는 경영진들. 그토록 어렵다는 회사의 회장은 얼마인지도 알 수 없는 거액의 연봉에다 50억 원 정도의 배당금까지 챙겨간다. 이 회사에 들어온 지 만 21년, 그런데 한 달 기본급 105만 원, 그중 세금 등을 공제하고 나면 남는 것은 팔십 몇 만 원. 근속연수가 많아질수록 생활이 조금씩이라도 나아져야 할 텐데 햇수를 더할수록 더욱 더 쪼들리고 앞날이 막막한데 이놈의 보수 언론들은 입만 열면 노동조합 때문에 나라가 망한다고 난리니, 노동자는 다 굶어죽어야 한단 말인가.”

지금도 세 곳에서 고공농성이 진행되고 있다. 쌍용자동차 노동자 두 명, 스타케미칼 노동자 한 명, 케이블방송 씨앤엠 노동자 두 명이 공장 굴뚝과 광고탑 위에서 '하늘 사람'으로 살고 있다.

“묻지 마라. 왜냐고 왜 그렇게 높은 곳까지, 오르려 애쓰는지 묻지를 마라.”

유행가 가사다. 2015년 새해엔 이 노랫말을 “왜 그렇게 높은 곳까지 오르려 애쓰는지 물어야 한다.”로 바꿔 부르고 싶다. 그리고 실제로 묻자. 왜 노동자들이 '하늘 사람'이 되어야 하는지 언론에, 자본에, 정권에 물어보자. 캐물어보자.

지난해 여름 종탑에 오르던 그날의 아픔을 생각하면 지금도 가슴이 저려온다. 새해 작은 소망이 있다. 하늘 사람들이시여, 아프지 마시라.

피어라,
연대의 꽃

딸에게 쓰는 편지

———————— 내게 10월 17일은 특별한 날이다. 딸의 생일이자 김주익 열사의 기일이기 때문이다. 10년 전 오늘 딸에게 편지를 썼다.

슬아!

제법 많은 시간이 흘러야 지금 아빠가 하는 말을 이해할 수 있을 거야. 오늘은 네가 태어난 날이야. 너와 처음 눈빛을 나누던 그 순간 아빠 감격해서 눈물을 흘렸단다. 작고 까만 네 모습을 보며 아빠 '책임감'이라는 말을 무겁게 실감했어. 엄만 미소 지으며 너와 아빠를 번갈아 쳐다봤지. 둘이 하나가, 셋이 하나가 되는 순간이었어.

건강하게 잘 자라줘서 정말 고맙구나. 아빤 늘 네게 미안한 마음이란다. 네가 엄마 앞에서 아빨 변호할 때마다 한편으론 웃으면서도 네 속 깊은 마음에 가슴이 저릴 때가 많단다. 아빨 탓하지 않는 네 마음을 제대로 헤아리지 못해서 미안하다. 아빠의 '사회적 책임'을 핑계로 너와 함께할 시간을 많이 갖지 못해 미안해. 지금 당장은 네가 이해할 수 없겠지만 훗날 네가 어른이 되면 아빠 마음을 헤아려 주리라 기대하고 있어.

슬아!

오늘은 너한테 꼭 소개해 주고 싶은 친구들이 있단다. 사랑하는 아빠를 하늘
나라로 보낸 친구들이야. 준엽, 혜민, 준하네 아빠가 오늘 하늘나라로 갔어. 준엽
이네 아빠는 하늘나라로 떠나시면서 힐리스 사주겠다던 약속을 지키지 못해서
가슴이 아팠대. 아빠를 다시 만날 수 없는 혜민이도 많이 슬퍼했단다. 너와 아빠
가 처음 만난 날 준하는 아빠와 아픈 이별을 해야 했어.

슬아!

사랑하는 사람들을 아프게 하는 돈 많은, 권력을 지닌, 못된 자들이 밉구나. 아
빠와 자식의 사랑을 갈라놓는 훼방꾼들이 미워. 아빠가 약속할게. 아빤 너와의
사랑을 방해하려는 자들을 용서하지 않을 거야. 가진 자들의 탐욕 때문에 가족
을 떠날 수밖에 없었던 준엽이, 혜민이, 준하네 아빠도 그러길 바랄 거야.

사랑하는 슬아!

아빤 돈이 사람을 지배하는 세상을 바꾸기 위해 싸울 거야. 네가 태어난 날,
네 눈을 바라보며 아빠 가슴에 새겼던 '사람이 사람답게 사는 세상을 만들겠다'
는 다짐을 오늘 다시 생각한다. 준엽, 혜민, 준하 아빠의 이름은 김주익이란다.
슬아, 꼭 기억해 줘. 생일 축하해. 그리고 사랑해.

"아이들에게 힐리스인지 뭔지를 집에 가면 사주겠다고 크레인에 올라온 지 며칠 안 되어서 약속

을 했는데 그 약속조차 지키지 못해서 정말 미안하다. 준엽아. 혜민아. 준하야. 아빠가 마지막으로 불러보고 적어보는 이름이구나. 부디 건강하게 잘 자라주기 바란다."

　김주익 열사는 한진중공업 85호 타워크레인에서 129일간 자본에 항거하다 2003년 10월 17일 두 통의 유서와 함께 땅으로 내려왔다. 동지의 나이 41세였다.

좌파를
대변하고 싶다

———————— 사무실 부근에 자주 이용하는 버스 승강장이 있다. 화양사거리에 있는 그 승강장 이름은 '동부극장'이다. 동부극장은 복합 상영관에 밀려 2006년 문을 닫았지만 버스 승강장에는 지금도 극장의 흔적이 남아 있다. 화양사거리에 있었다고 '화양극장'으로 기억하는 이들이 있는데 정작 '화양극장'은 서대문사거리에 있었다. 재개봉관이었지만 한양대, 건대, 세종대 등 대학교가 밀집해 있어서 예전엔 제법 번성했었다. 홍콩 영화 느와르가 돌풍을 일으키던 80년대 중후반엔 이 극장도 문전성시를 이뤘다. 건물이 그 추억을 간직하고 싶었을까? 지금은 '북경반점'이라는 중국집이 들어서 성업중이다.

1992년 민중후보 백기완 선본 대변인실에서 일하고 있을 때였다. 대변인실의 주 업무는 후보 수행, 기자 응대, 성명서와 보도자료 작성 및 배포였다. 선본과 유세장을 찾는 기자라고 해봤자 두세 명에 불과했다. 한겨레신문사에서 전담 기자가 한 명 파견됐다. 박찬수 기자 전 편집국장. 현 콘텐츠본부장와 지역 유세를 마치고 상경해 서대문에서 맥주를 마신 기억은 지금도 생생하다. 그날 내 호주머니에 있던 전 재산 3만 원을 탈탈 털었기 때문이다.

대선이 한창이었지만 피로가 쌓인 탓에 집중력이 떨어져 하루는 선본 사무실을 일찍 나섰다. 터벅터벅 화양사거리를 걷는데 극장에 걸린 영화 간판이 발길을 붙잡았다. <라스트 모히칸>이었던 것으로 기억한다. 머뭇거리다 표를 끊었다.

영화 상영 전에 틀던 '대한뉴스'에서 대선 후보의 동정을 소개하는데 기호8번 백기완 후보만 쏙 빼고 보도하는 게 아닌가! 명색이 대변인실에 근무하는데 좌시할 수 없었다. 영화는 다 보고 나왔다.

잘못 봤을 수도 있겠다 싶어 인천에 살던 친구에게 연락해 극장에 가 보라고 했더니 거기도 마찬가지였다. 다음날 대변인실에 알렸다. 다들 눈코 뜰 새 없이 바쁜 상황인 걸 알기에 창피해서 차마 내가 영화 보러가서 알게 된 사실이라고 말을 못하고 누군가가 제보해 줬다고 거짓말을 했다. 선관위에 연락해 항의하고 시정을 요구했다. "후보 등록이 늦어서 어쩔 수 없었다."는 답변을 들었다.

오늘 동부극장 앞을 지나가다 그 기억이 떠올랐다. 2012년 대선이 58일 앞으로 다가왔다. 오합지졸 좌파들이 이번 대선에서 지난날의 '추억'이나 되씹고 있게 되지는 않을까 걱정이다. 인민들에게 자본 '매트릭스'의 허상에서 깨어나자며 '빨간 알약'을 내밀어 줄 노동자 민중 후보를 만나지 못하게 될까봐 심히 걱정된다. 지금도 많이 늦었다. 조금씩 양보해서라도 더 이상 늦추지 말기를.

자신을 좌파라 말하는 이들이여, 우리들 사이엔 샛강이 흐르지만 우리와 자본 사이엔 한강이 흐른다는 사실을 명심하자. 인민들이 자본 매트릭스에 안주

하길 바라며 '파란 알약'만 강매하는 보수 빅3에 맞설 노동자 민중 후보를 기다리는 사람들을 더 이상 실망시키지 말길 바란다. 사분오열하여 후보마저 내지못한다면 그건 죄악이다. 아직도 주체할 수 없을 만큼 가슴이 뜨거운 이들의 열망을 짓밟지 말기를 간절히 바란다. 내 비록 이젠 대변인실에서 일은 못하지만노동자 민중 후보를 여전히 '대변'하고 싶단 말이다.

알바 시작하는
딸에게

──────── 딸!

멀다고 툴툴거리더니 오늘 처음 알바 하러 가는 기분 어때? 한 달 뒤엔 난생처음 노동력을 제공하고 네 손에 돈을 쥐게 되겠지. 시간당 5,210원 안팎의 임금을 받으면 하루 8시간씩 주 5일을 일해야 겨우 100만원이 넘는단다. 1시간을 일해도 차 한 잔, 밥 한 끼 사먹기 힘들다는 사실을 알게 되겠지. 아주 오래 전 아빠가 그랬듯 너도 뿌듯하기보단 허탈하단 생각이 먼저 들 거야. 하지만 절대 네 잘못 아니니 낙심하지 마.

부끄러운 얘기 하나 할게. 아빠의 첫 알바는 '노가다'라고 불리는 건설 잡부였어. 하루 5,000원을 받기로 하고 여름 방학 때 할아버지를 따라갔지. 당시 최저임금 생활 임금이 시간당 500원 정도였는데, 자식이라고 많이 쳐준 거야. 모래 체질, 시멘트와 벽돌 나르기, 회반죽 올리기가 아빠가 맡은 일이었어. 낮잠 시간에 나무 그늘에서 잠깐 눈을 붙였어. 해가 서쪽으로 기울어 그늘 방향이 바뀐 줄도 모르고 곯아떨어졌지. 살이 벌겋게 익은 채로 깼어. 일은 한참 전에 재개된 상황이었어. 머쓱한 표정으로 공사장에 들어섰더니 할아버지가 모래 체질을 하고 계시더구나. 할아버진 내가 힘들어서 도망친 줄 알았대. 며칠 뒤 공부하러 간다는 핑계를 대고 도망치듯 고향을 떠났단다. 안 쉬고 한 달 꼬박 일했으면 15만원을 받았겠지. 그때 등록금이 60만 원가량이었으니 휴학하고 넉 달을 일해야 등록금을 마련할 수 있었어. 그때나 지금이나 학생이 공부하면서 알바로 등록금을 마련하는 건 불가능에 가까운 일이야.

딸!

개강을 하면 제 아무리 발버둥 쳐도 하루 4~5시간 이상 일하긴 힘들어. 계산해보면 알겠지만 학기 내내 네가 받은 임금을 한 푼도 안 쓰고 모아도 등록금을 마련할 수 없단다. 독일이 내년부터 대학 등록금을 완전 폐지한다는 얘기 너도 들었지? 독일은 무상교육이 되는데 왜 우린 안 될까? 교육, 의료, 주택, 교통, 통신, 전기, 가스, 수도……. 구성원의 생존에 필요한 생활 필수재를 사회가 돈벌이 수단으로 삼느냐, 아니면 구성원을 위해 책임져야 할 의무로 생각하느냐의 문제란다.

딸!

경쟁에서 이겨 상위 몇 % 안에 들어야겠다는 생각이 들겠지? 입학하기 전부터 졸업하고 좋은 일자리 구해 돈 많이 벌어야겠다는 생각도 하겠지? 물론 한 개인의 문제라면 그렇게 해결할 수도 있어. 하지만 그 안에 들지 못할 수많은 사람들은 어떻게 해야 할까? 불운과 능력 부족을 탓하며 고개 숙이고 받아들여야만 할까? 경쟁에서마저 배제된 이들은 또 어떻고?

입학하기 전 이번 알바 기간이 '노동의 가치, 노동자의 삶, 평등'에 대해 생각해보는 시간이 되었으면 해. 모르는 건 배우면 되니까 실수 따위 두려워하지 말고. 아, 그리고 너한테 아직 하지 않은 말이 있어. 아빠 '버킷리스트'에 네가 사는 술 한 잔 마시는 것도 있단다. 꼭 기억해뒀다가 첫 월급 받거든 쏴라. 그때까진 아빠가 쏠게! 나갈 시간이겠네? 휴식 시간이 따로 없다니 매번 인스턴트식품으로 끼니를 때우게 되지 않을까 걱정이다. 일은 '밥심'으로 하는 거란다. 끼니 잘 챙겨. 차 조심하며 잘 다녀오고.

딸, 사랑해!

집행부를
전복하라

나치는 우선 공산당을 숙청했다
나는 공산당원이 아니어서 침묵했다

그 다음엔 유대인을 숙청했다
나는 유대인이 아니어서 침묵했다

그 다음엔 노동조합을 숙청했다
나는 노동조합원이 아니어서 침묵했다

그 다음엔 가톨릭교도를 숙청했다
나는 개신교도여서 침묵했다

그 다음엔 나에게 왔다

그 순간에 이르자

나서 줄 사람이 아무도 남아 있지 않았다.

－다음은 우리다(마르틴 니묄러)

1991년 2월, 한진중공업노조위원장 박창수 동지가 서울구치소에 수감됐다. 그곳에서 의문의 상처를 입고 5월 4일 안양병원에 입원했다. 5월 6일 새벽 안기부 직원으로 추정되는 이를 따라 병실을 벗어난 동지는 몇 시간 뒤 병원 안마당에서 시신으로 발견됐다. 채 24시간도 지나지 않은 5월 7일, 노태우 정권은 전경과 백골단 1500명을 투입하여 최루탄을 퍼부으며 영안실 벽을 해머로 부수고 들어가 동지의 시신을 탈취해갔다. 경찰은 곧바로 강제 부검을 실시하고 자살이라고 발표했다. 이후 두 달 동안 노동자, 시민, 학생이 연대해 도심 도로 곳곳을 점거하며 치열하게 싸웠다.

2013년 2월, 기아자동차에서 비정규직 노동자로 일하다 해고돼 비정규직 철폐와 복직 투쟁을 벌이던 윤주형 동지가 자결했다. 동지의 시신이 안치된 화성중앙병원에서 지금 해괴한 일들이 벌어지고 있다. 부당하게 해고된 조합원이 원직 복직을 외치며 싸우다 죽었는데 노조 집행부가 하는 짓이 가관이다. 투쟁 계획을 수립할 생각은 하지 않고 윤주형 동지를 명예 사원으로 추서하고 영정만으로 장례를 치르겠다고 으름장을 놓더니 급기야 오늘 상주 몰래 시신 안치소에 들어가 입관을 했다. 영안실 앞에 연좌하고 있는 동지들을 해산시키려고까지 했다. 저들 행동이 1991년 박창수 동지의 시신을 탈취했던 경찰의 만행과 뭐가 다른가? 투쟁은 오간데 없다. 사자의 동지들은 차별에 울고 있지만 저들의 어처구니없는 행동 덕에 뒤에 숨은 자본만 웃고 있다.

투쟁 시계가 거꾸로 가고 있다. 노동자의 눈이 흐려져 적과 동지를 구분하지 못하는 것이 첫 번째 이유고, 자본이 던진 정규직이라는 미끼를 덥석 물어 스스로 자본의 쇠사슬에 발목을 잡힌 것이 두 번째 이유이고, 투쟁을 회피하는 대신 협상 테이블의 안락한 의자를 선호하는 집행부를 뽑은 것이 세 번째 이유다. '비정규직을 늘리고, 임금을 줄이고, 해고를 쉽게' 하는 것이 자본의 목표다. 기아차 자본도 예외일 수 없다. 연대하지 못하는 노동자가 자본의 최우선 먹잇감이다. 기아차 노동자들이여, 지금의 고요함이 얼마나 더 지속되리라 생각하는가? 살얼음판이 깨지고 마침내 자본의 칼끝이 당신들의 목을 겨눌 날이 오지 않으리라고 생각한다면 그건 망상이다. 결단코 그런 일은 없다. 집행부를 전복해 윤주형 동지와 화해하라. 그렇지 않으면 다음은 당신이다!

인민을
'물'로 보지마라

다미안 리가 감독하고, 앤디 가르시아가 주연으로 출연한 스릴러 영화 <어 다크 트루>A Dark Truth 를 봤다. 물 산업의 사유화를 다룬 영화이다. 다국적 상수도 기업이 에콰도르에서 군, 정부와 결탁해 상수도 사업을 사유화하고 취수권取水權을 장악한다. 정수 시스템 부실로 티푸스가 발생해 원주민들이 감염된다. 남아공, 그리스 등과 상수도 사유화 계약을 추진 중인 회사는 에콰도르 상황을 감추기 위해 군에 돈을 줘 원주민을 대량 학살하고 진실을 알고 있는 환경운동가를 추적한다. 그 뒤 이야기는 전직 CIA요원인 라디오 DJ가 진실을 캐기 위해 에콰도르로 날아가 활극을 펼치는 내용이 이어진다. 결말 착한 자본가의 결단으로 문제의 기업이 착한 기업으로 거듭난다. 결국 사유화의 본질은 바뀌지 않았다.은 허무하지만 시사하는 바가 많은 영화다.

남아메리카의 물 사유화를 배경으로 다룬 영화가 또 있다. 007시리즈 <퀀텀 오브 솔러스>는 볼리비아의 수자원을 독점한 거대 조직을 등장시켜 물 독점의 폐해를 보여주고 있다. 남미의 물 사유화와 관련해 강력히 추천하고 싶은 영화는 2010년에 제작된 스페인, 프랑스, 멕시코 합작 영화 <이븐 더 레인> Even the Rain

이다. 볼리비아에서 벌어진 실화를 바탕으로 제작됐다. 볼리비아 정부는 1999년 IMF 구제 금융을 받는 조건으로 공기업을 매각한다. 상하수도 운영권을 미국 다국적 기업 벡텔사에 헐값에 매각하자 벡텔사는 곧바로 수도세를 크게 인상한다. 수도세를 감당하지 못한 시민들이 빗물받이를 만들자 이번엔 이를 제한하는 법을 만들라고 볼리비아 정부를 압박한다. 분노한 인민들이 봉기한다. 200여 명의 사상자가 발생했지만 끝내 승리한다.

영화 <어 다크 트루>의 한 장면을 소개한다. 남미에서 활동하다 청문회에서 위증한 전직 CIA요원이 라디오 프로그램 DJ를 맡아 청취자와 나누는 대화다.

DJ : 거대한 전환에 대해 아세요? 300년 전 영국에서 시작했죠. 국유지를 사유지로 전환한 일이죠. 사람의 생각하는 방식, 시간, 토지, 물과 심지어는 사람을 보는 시각까지 바꿔놓았죠. 모든 것을 단위화했어요. 사람도 사고파는 물건에 불과하고, 그저 이용의 대상일 뿐이죠.

청취자 : 하지만 사고 파는 행위는 영원한 겁니다. 그건 변하지 않을 겁니다.

DJ : 그거 알아요? 그건 완전히 틀린 말이에요. 사물을 매매하기에 앞서 그 사물의 상품화에 대한 사회적 합의가 이뤄져야 합니다. 사람도 사고팔 수 있는 것이죠. 맞죠? 그런 일이 실제 일어났고요. 끔찍하고 악마적이지만 엄연한 사실이죠.

청취자 : 오늘날에도 몇몇 국가에서 노예를 사고파니까요.

DJ : 유감스럽지만 사실입니다. 그런데 서구 사회에서는 왜 더 이상 없는 것일까요?

청취자 : 비윤리적이고 모든 면에서 잘못된 일이기 때문이죠.

DJ : 물을 판매하는 것은 왜 잘못된 일일까요? 공기는? 공기를 판매하는 일이 잘못된 것일까요?

청취자 : 공기를 어떻게 팝니까?

DJ : 안 된다고요?

청취자 : 공기를 살 금전적 능력이 없으면 어떡합니까?

DJ : 물을 살 능력이 안 되는 사람들이 전 세계에 많은데요? 그러면 어떻게 하죠.

청취자 : 몰라요.

DJ : 죽습니다. 이게 그리 말이 안 되는 이야긴가요? 물은 팔 수 있고 공기는 안 된다? 생각해보시죠.

물 사유화는 남의 얘기가 아니다. 노무현 정권이 2007년 '물 산업 5개년 세부 추진 계획'을 통해 164개 지자체의 상수도를 20여 개로 광역화해서 공사화 또는 사유화하겠다는 계획을 발표했다. 이명박 정권도 '물 산업 육성 전략'을 발표했다. 박근혜 정권 하에서 이 계획이 더 가속화되고 있다. 자본과 인민이 물을 두고 싸워야 하는 때가 점점 다가오고 있다. 오염된 물을 마시지 않으려면 인민을 물로 보는 자본과 정권에 단호하게 맞서야 한다.

회장과 주주에게만
나눔을 실천하는 기업

———————— 명절에 매형, 조카와 술잔을 주고받으며 얘기를 나눴다. 올해 스물세 살 먹은 조카는 얼마 전 제대를 했다. 지금은 울산 현대중공업기술교육원에서 한 달째 교육을 받고 있다. 매형은 조카가 3개월 교육 과정을 수료하고 하청 업체에서 1년간 근무하면 원청 기업인 현대중공업 정규직으로 채용될 길이 열린다고 믿고 있다. 아들이 현대중공업의 정규직이 되기를 고대하는 매형의 바람이 이뤄지기를 나 역시 간절히 바란다.

"17년 동안 노사 분규가 없는 기업. 매출의 90%가 수출인 기업. 나눔을 실천하는 기업, 올바른 길을 가는 기업. 현대중공업."

유명 배우가 모델로 등장하는 현대중공업 광고 멘트다. 광고의 영향일까? 매형은 현대중공업에 대단히 호의적이었다. 현대중공업에는 비정규직이 없고 대우가 타 기업에 비해 좋아 18년째 노동자들이 파업을 일으키지 않았다고 알고 있었다. 난 정규직 노조가 18년간 파업하지 않은 건 맞지만 비정규직이 없다는 건 전혀 사실이 아니라고 말했다. 대우가 상대적으로 좋은 것도 맞지만 이는 그만큼 장시간 노동을 하고 노동 강도 또한 세다는 걸 의미한다고 말했다. 매형은 조카에게 성실하게 일해서 윗사람에게 잘 보이면 정규직이 될 수 있다는 말로 애기를 마무리했다.

그날 명절 분위기에 찬물을 끼얹을 것 같아서 매형에게 하지 못한 애기가 있다. 사회에 첫발을 내딛는 새내기 노동자들이 능력이 부족하거나 불성실해서 정규직이 되지 못하는 게 아니라고 말하고 싶었다. 노동 현장의 현실과 참담한 구조를 애기하고 싶었다. 연간 4조원 이상의 순이익을 내는 현대중공업이 전체 직원 중 44%를 사내 하청 비정규직으로 채용하는 착취 구조를 거론하고 싶었다. 오전 5시 30분에 출근해 저녁 9시경에 퇴근하는, 살인적인 장시간 노동을 일상적으로 할 수밖에 없는 사내 하청 노동자들과 2011년에 주식 배당금 575억 원을 챙긴 정몽준의 삶을 비교하고 싶었다.

하청 노동자가 근무 중 쓰러지면 산재를 은폐하기 위해 119에 신고하는 대신 덜컹거리는 트럭 짐칸에 싣고 병원으로 후송한 회사가 현대중공업이고, 그로 인해 제때 응급 조치를 받지 못한 노동자가 사망한 일이 불과 보름 전에 벌어졌다는 사실을 고발하고 싶었다. 그 사건에 대해 "고인이 하청 업체 소속이어서 우리와는 무관하다"고 발뺌한 회사가 현대중공업이라고 꼭 애기하고 싶었다. 마지막으로 TV 광고 멘트를 바꿔야 한다고 애기하고 싶었다.

"17년 동안 비정규직을 양산한 기업, 사경을 헤매는 노동자를 트럭 짐칸에 싣고 후송하는 기업, 회장과 주주에게만 나눔을 실천하는 기업, 무한 착취의 길을 가는 기업. 현대중공업."

　조카가 취업 과정에서 혹시라도 겪게 될지 모를 좌절을 자신의 무능 탓으로 돌리며 자학하지 않기를 바란다. 권리 의식을 지닌 노동자로, 인간보다 이윤을 먼저 챙기는 자본의 탐욕에 분노할 줄 아는 노동자로, 노동과 자본의 모순을 깨닫고 동료들과 함께 저항하는 노동자다운 노동자가 되기를, 나는 간절히 바란다. 조카야……

입장의 동일함,
이것이 관계의 최고 형태이다

──────── 선배의 고민이 담긴 글을 읽고 편지를 띄웁니다. 소셜네트워크 서비스SNS 덕에 최근 몇 달 사이, 20여 년 전 인연을 맺었던 분들을 온라인, 오프라인에서 많이 만나게 됐습니다. 그 과정에서 닫혔던 제 마음이 열리기도 했지만 때론 해소되지 않는 생각의 차이를 거듭 확인하며 씁쓸하기도 했습니다. 그건 상대방도 마찬가지였을 겁니다. '동지적 관계의 복원'을 꿈꿨던 제 생각이 너무 단순했었음을 고백합니다. 선거가 화두인 요즘 신영복 선생의 말씀을 자주 곱씹습니다.

"머리 좋은 것이 마음 좋은 것만 못하고, 마음 좋은 것이 손 좋은 것만 못하고, 손 좋은 것이 발 좋은 것만 못한 법입니다. 관찰보다는 애정이, 애정보다는 실천이, 실천보다는 입장이 더욱 중요합니다. 입장의 동일함이, 그것이 관계의 최고 형태입니다."

'언제나 돌아오는 선거는 나에게 꿈을 주지만 이룰 수 없는 꿈은 슬퍼요. 나를 울려요.' 이용의 노래 <잊혀진 계절>을 개사했습니다. 어김없이 찾아오는 선거, 그때마다 나와 가족, 동지들의 선택이 같기를 바라는 어리석지만 소박한 꿈을 꿈니다. 이루기 힘든 꿈인 줄 알면서도 쉽게 포기할 수 없어 슬픕니다.

현실은 제 꿈을 항상 외면해 왔습니다. 김대중, 노무현이 제 꿈을 찢어놓았고 이번엔 문재인, 안철수가 그 꿈을 송두리째 뒤흔들려 하고 있습니다. 시작에 불과하겠죠? 향후 반자본주의 투쟁이 전면화 될수록 현재의 동지, 지인들과 '입장의 동일함'을 유지하는 게 지금보다 훨씬 더 어려워질 테니까요.

선배, 저는 '어떤 사람이 무슨 말을 하고, 어딜 바라보는가보다 그가 어디에 발을 담그고 있는가'가 더 중요하다고 생각합니다. 때문에 지금 형이 고민하는 선택에 동의하기 어렵습니다. 선배는 나와 같은 진보정당의 당원인데 선거 때 민주당 선본에서 일을 할까 고민하고 있었다. 하지만 형이 배신, 변절했다고 욕하며 미워하지는 않을 겁니다. 미래의 '동지'를 잃고 싶지 않기 때문입니다.

선거는 '될 사람이 아니라 되어야 할 사람을 선택'하는 과정이어야 한다고 생각합니다. '이번이 마지막'은 선거 때마다 등장하는 유령입니다. 그 유령과 단절할 수 있는 유일한 방법은 '이념대로' 선택하는 것뿐입니다. 노동자 민중 후보가 얻은 표만큼 세상을 왼쪽으로 이동시킬 수 있다고 생각합니다. 물론 선거만 그런 결과를 가져오는 건 아니지만 그 문젠 여기서 거론하지 않겠습니다. 선배, 이번 대선에서 선배와 같은 곳에 발을 담그고 조금이라도 세상을 왼쪽으로 옮기는 일을 함께하고 싶습니다. 노동자 민중 후보가 대한문 앞 쌍용차 분향소에서 출사표를 던지는 날 그 자리에서 뵙고 싶습니다. 계급투쟁의 지형이 바뀌고 있는 시기이기에 더욱 간절한 바람입니다.

　　　　　　　　　　　　　— 선배와 '관계의 최고 형태'로 남길 바라는 후배 은탁 올림

데모당과
이은탁을 위하여

2013년 10월 18일, 한양대 민주동문들과 데모당이 쌍용차 해고 노동자들의 투쟁을 응원하기 위해 힘을 합쳤다. 대한문 앞에서 '가을밤 투쟁을 노래하라' 약칭 '가투문화제' 라는 이름의 문화제를 열었다. 몇 달 전 대학로 혜화동 성당 종탑에서 고공 농성을 하던 재능교육 학습지 노조를 응원하는 문화제를 연 데 이어 동문들이 준비한 두 번째 거리 문화제였다. 민교협 전 상임의장 이도흠 교수, 차수련 전 병원노련위원장, 김조광수 감독 등 졸업생과 재학생이 참가했다. 그날 시를 낭송했던 선배 신동호 시인이 며칠 후 시를 보내왔다. 데모는 '억압의 통나무를 둘로 쪼개는 작은 쐐기'다.

저항
– 데모당과 이은탁을 위하여

타성에 젖은 곳에서 억압이 발생한다
자본은 반드시 숙주를 필요로 한다

용서가 반복되고 적당한 이해가 거듭되면
이기주의가 용서와 이해를 배반한다

저항의 자리는 그곳이다
거대한 통나무를 향해 가는 무모함 혹은 조롱
그러나 억압의 통나무를 둘로 쪼개는 건
작은 쐐기다

주인에게 주인이라 부르는 건 데모당이다
連帶의 빛나는 동지애를 찾아준 건 데모당이다
저항은 훈련된다
저항을 일상화하여 삶을 감싸는 건 데모당이다

노동은 영원하고 자본은 순간일 뿐
타성도 스스로를 못견뎌한다
저항은 실로, 내미는 따뜻한 손

이기주의가 이타주의로 교체되는 자리에
자본이 노동으로 교체되는 자리에
불신과 갈등이 인류애로 교체되는 자리에
저항이 있다.

피어라,
연대의 꽃

———— 살아가면서 가슴에 새기고 있는 사진 한두 장쯤은 다들 있을 것이다. 나한테는 이 사진이 그런 사진 가운데 하나다. 1968년 멕시코시티올림픽 육상 200m 시상식 사진이다. 1위를 한 토미 스미스미국, 3위로 들어온 존 카를로스미국는 흑인이었다. 당시 미국에서는 흑인에 대한 차별이 극심하게 벌어지고 있었다. 토미 스미스와 존 카를로스는 '인종 차별'에 항의하기 위해 미국 국가가 연주되는 동안 성조기를 바라보지 않으려고 고개를 숙였다. 그리고, 흑인을 상징하는 검은 장갑 낀 손을 허공을 향해 치켜들었다. 국제올림픽위원회IOC가 즉각 반응했다. '올림픽 정신을 훼손한 폭력적 행동'이라며 두 선수의 메달을 박탈하고 선수촌에서 추방했다. 이후 두 선수는 미국 육상 국가 대표에서 영구 제명되었다.

여기까지는 아는 사람들이 많다. 내가 이 사진을 가슴에 새기고 있는 이유는 다른 데 있다. 시상식 당일 2위를 차지한 피터 노먼호주이 보여준 행동 때문이다. 세 사람 다 왼쪽 가슴에 흑인권리단체OCHR가 인종 차별과 탄압에 저항하기 위해 만든 흰색의 동그란 배지를 달았다. 미국 선수들로부터 흑인 인권 상황을 전

© 연합뉴스

해 듣고 시상식 퍼포먼스를 알게 된 노먼이 관중석으로 달려가 배지를 구해 가슴에 달았던 것이다. 백호주의白濠主義, 1901년부터 1973년까지 호주 정부가 일관되게 유지했던 비백인 이민 제한 정책의 나라 호주가 가만있을 리 없었다. 호주올림픽위원회는 노먼의 올림픽 출전 기회를 박탈했고, 그는 '역적' 취급을 받으며 살아야 했다.

미국 선수들의 인종 차별 반대 퍼포먼스는 나에게 큰 울림과 감동을 주었다. 하지만 내 마음을 더 울린 것은 노먼의 숭고한 '연대의 마음과 행동'이었다. 내가 이 사진을 오래도록 가슴에 새기게 된 이유다. 2004년, 미국의 한 주립 대학에 스미스와 카를로스의 퍼포먼스를 재현한 동상이 세워졌는데, 그 동상에 노먼의 자리는 비워뒀다. 인권 운동을 지지하고 연대하는 사람 누구라도 그 빈자리에 서기를 바란다는 노먼의 뜻을 존중해서였다. 2006년 노먼이 죽자 스미스와 카를로스가 호주로 가서 관을 운구했다. 노먼이 세상을 떠난 6년 뒤인 2012년 호주 의회는 노먼의 행동이 "영웅적이고 겸손했다."며 44년 만에 그에게 공식 사과했다.

비행기의 출발 시간은 항공기의 문이 닫히는 순간이 아니라 날개를 펴고 이륙하는 순간부터이고, 배의 출발 시간은 뱃고동 소리가 울린 시간이 아니라 항구에 묶인 로프를 푼 순간부터이다. 비행기는 땅을 박차고 날아오르는 순간이, 배는 항구를 떠나 드넓은 바다로 항해를 시작하는 바로 그 순간이 출발 시간인 것이다. 지지와 연대의 출발 시간도 비행기, 배와 크게 다르지 않다. 투쟁 소식을 알리기 위해 손가락으로 자판을 두드리는 순간, 주장을 외치기 위해 입술을 움직이는 순간, 투쟁하는 이들과 함께하기 위해 발을 떼는 순간이 지지와 연대의 출발 시간이다.

철도 사유화민영화에 맞서 노조가 파업에 돌입했다. 투쟁 상황을 알리고, 집회나 행진 대열을 만나면 손을 흔들고, 박수를 보내고, 모금함에 정성을 보태는 우리의 작은 행동 하나하나가 연대의 출발이다. 피터 노먼의 '배지달기'와도 같은 아름다운 연대인 것이다. 나는 꿈꾼다. 천 명, 만 명의 노먼이 나타나기를, 연대의 꽃이 전국 방방곡곡에서 아름답게 피어나기를, 나는 간절히 소망한다.

오겡키데스카?

──────── 일본인 친구 두 명과 우정과 동지애를 쌓아가고 있다. 이 가운데 한 명은 수십 차례, 다른 한 명은 몇 차례 한국에서 같이 데모했다. 두 명 모두 자국 문제는 물론이고 한국의 민주주의, 노동자 투쟁, 역사 문제에 깊은 애정을 갖고 투쟁에 연대하고 있다. 한국인들 앞에서 자신을 소개할 때마다 "노동자에게 국경은 없다."라고 인사하는 세계인이다.

2013년 여름이었다, 장기 투쟁 사업장 재능교육 에서 데모하고 있는데 일본인 두 명이 농성장을 방문했다. 한국인 통역관을 사이에 두고 대화하다 페이스북에 접속해 내 일본인 친구를 보여주며 혹시 아느냐고 물었다.

"접니다."

한 일본인이 환하게 웃으며 답변했다. 나뿐만 아니라 곁에 있던 이들 모두가 기이한 인연이라며 놀라워했다. 그렇게 일본인 페이스북 친구와 데모 현장에서 처음 대면했다. 그날 동행한 다른 일본인도 그 자리에서 페이스북 친구로 등록해, 일본인 친구가 두 명이 되었다. 그날 이후 두 명 다 데모당 페이스북 그룹 에 입당해 작년 가을 같은 날, 같은 시각에 한국과 일본에서 핵발전소 반대 1인 시위를 함께 진행했다.

　얼마 전 일본 정부가 각의 국무회의를 열어 '집단 자위권을 행사하는 것이 헌법에 어긋나지 않는다'는 방침을 결정했다. 주변국과 자국 민중의 반대에도 기어이 '전쟁 가능'이라는 판도라의 상자를 열고 만 것이다. 아베 정권은 여기서 그치지 않고 기회를 틈타 '평화헌법 9조'마저 개정하려 하고 있다. 이를 저지하기 위해 지금 수많은 일본인들이 수상 관저와 거리에서 아베 정권을 규탄하며 저항하고 있다. 당연히 내 일본인 친구들도 그곳에 함께한다. 그 친구들의 연대 요청으로 난 지난 7월 일본대사관 앞에서 아베 정권을 규탄하는 1인 시위를 벌였다. 우리는 민족과 국경의 경계를 뛰어넘어, 안전하고 평화로운 사회를 만들기 위해서는 '데모가 희망이다'는 생각을 공유하며 각자 자기 위치에서, 그리고 때로는 함께 싸우는 친구요 동지다.

　소셜네트워크서비스 SNS에서 일본인을 싸잡아 '왜놈', '쪽바리'로 비하하는 글을 자주 접한다. 한일 외교 관계가 악화될수록 눈살을 찌푸리게 할 만큼 그들을 폄훼하고 욕하는 글이 난무한다. 심지어 일부는 저주를 퍼붓거나 적개심을 드러내기도 한다. 세계화 시대 일원으로서 여전히 민족주의의 늪에서 헤어나지 못하는 것만큼 어리석은 일도 없다. 외부에 희생양을 만들어 공동체 구성원의 분노를 관리하며 내부를 단결시키는 방식은 동서고금을 막론하고 국가 지배 권력이 즐기는 통치술이다.

지배 권력과 언론에 놀아나는 사람은 어디에든 있기 마련인데도 한일 문제에서만큼은 진보연하는 이들마저도 세계인이기를 포기하는 사람이 많아 씁쓸하다. 한일 민중 모두에게 잔인한 8월이 다가온다. 올해도 예외 없이 내 일본인 친구들은 싸잡아 욕을 먹게 될 것이다. 그럴수록 난 지금 이 시각에도 일본에서 자국과 국제 평화를 위해 싸우고 있는 내 친구이자 동지인 그들과 함께 우애와 평화의 목소리를 더 키울 것이다.

　"테라시타상, 고바야시상, 오겡키데스카?"

침묵은
똥이다

──────── 사복 경찰이 집회 참가자를 원거리에서부터 미행했다. 지하철 승강장까지 경찰이 배치돼 있었고 경복궁역 청와대 방향 출구에는 철제 셔터가 내려져 있었다. 거리에서는 경찰이 '검문 중'이라는 입간판을 세운 채 통행하는 시민들의 신분증을 조사하고 가방을 열게 했다. 택시를 세우고 버스에 올라 매서운 눈초리로 승객을 훑었다. 예정된 집회 장소엔 경찰이 몇 겹으로 배치돼 알박기를 했다. 청와대 앞에서 '만인대회'가 열릴 예정이었던 2014년 6월 10일 서울 안국동·청운동·삼청동 주변 상황이었다. 세월호 참사 진상 규명과 책임자 처벌을 요구하는 시민들이 청와대와 경복궁 인근 61곳에 집회 신고를 했지만 정부는 집회를 전면 금지하고 경찰 수천 명을 동원해 계엄 상황을 방불케 하는 작전을 폈다. 이날 거리의 민주주의 시계는 1970~80년대 군사독재 시절에 멎어 있었다.

심지어 총기 소유가 허용되는 미국도 백악관 앞 집회와 시위를 보장한다. 그곳에선 1년 365일 사회적 약자와 소수자의 다양한 목소리가 울려 퍼진다. 2003년 우리 헌법재판소는 "자신이 계획한 집회를 어디서 할 것인지 누구나 자유롭게 결정할 수 있어야만 집회의 자유가 비로소 효과적으로 보장된다."고 판시한 바 있다. 하지만 법도 주먹 경찰 앞에선 무용지물이다. 지금 청와대 앞은 우리 법의 영향력이 미치지 않는 치외법권의 성역이다. 조선의 법궁인 경복궁의 정문 광화문 앞에서 유생들이 시위할 때도 '여기가 감히 어디라고' 식의 대응은 하지 않았다.

경찰의 대응은 그것으로 끝이 아니었다. 대학생 100여 명이 몇 시간째 비를 맞으며 삼청동주민센터 앞 인도에서 '세월호를 기억하라.', '이윤보다 인간을!'이라고 외치자 새벽 1시께 부상자까지 무차별 연행했다. 연행자를 태운 호송 버스가 움직이려는 순간 연행자들을 그냥 보낼 수가 없다는 생각이 들었다. 버스 앞을 막고 차 밑으로 몸을 들이밀었다. 이 일로 경찰에 연행되어 이틀간 유치장 신세를 졌다. 설령 막지 못하더라도 연행되는 학생들에게 당신들을 기억하는 이들이 있다는 사실만이라도 알리고 싶었다. 지난 2개월 동안 세월호와 관련해 '잊지 않겠다, 행동하겠다'고 외치다 연행된 사람이 500명에 달한다. 6월 28일에도 경찰은 올해 처음 물대포를 쏘며 스물두 명을 연행했다.

법정 스님은 <오두막 편지>에서 이렇게 말했다. "분노해야 할 때 침묵하는 것은 용기를 다스리지 못하는 것이다. 저항해야 할 때 침묵하면 굴종은 습관이 된다." 집회·시위 등 거리의 민주주의가 보장되지 않는 사회는 민주주의 시계가 고장 난 사회다. 그 시계를 수리해 제대로 작동케 해야 할 의무와 책임은 민주주의를 위해 거리를 누볐던 우리 시민들에게 있다. 용기를 다스려 침묵을 깨는 것이 굴종의 습관에서 벗어나는 길이다.

　유치장에서 이틀을 보내고 출감해 소셜네트워크서비스 SNS에 접속했더니 누나가 남긴 메시지가 있었다. "너 잡혀서 구치소·교도소로 갔을 때 엄마가 하신 말씀이, '도망댕길 땐 어딨는지 모르니께 속 터져 죽겄드만 인자 어디 있는지라도 앙께 살겄다.'라고 했는데 SNS 덕에 니 어딨는지 앙께 나도 살겄다." 지금 거리의 시계는 물론 가족의 가슴 속 시계도 암울하고 살벌했던 1970~80년대를 벗어나지 못하고 있다. 결론이 뭐냐고? 침묵은 똥이란 얘기다.

상상력으로
싸우자

──────── 2014년 2월 '2·25총파업' 집회가 있었다. 당시 경찰과 국민파업 위원회의 대응을 통해 시위 전술을 되짚어보려 한다. 2·25총파업 집회가 열리던 날 경찰은 이미 오전에 서울광장 한쪽을 차벽으로 봉쇄했다. 2011년 7월 헌법재판소는 '차벽 봉쇄는 위헌'이라는 판결을 내렸다. 이를 의식한 듯 경찰은 사방을 둘러싸진 않았다. 하지만 나머지 세 방향도 마음만 먹으면 언제든 차벽을 설치할 수 있는 준비를 갖춘 상태였다. 경찰은 집회 도중에 서울광장과 대한문 사이 횡단보도에 차벽을 설치하며 시민들을 거칠게 밀어붙였다.

집회를 마친 시위대가 을지로입구역 방향으로 행진을 시작했다. 경찰이 거리 행진을 불허하자 민주노총이 법원에 효력정지가처분 신청을 내 총파업 집회 하루 전인 24일 허가를 얻은 구간 서울광장 ─ 을지로입구역 ─ 종각역 ─ 안국역 ─ 광화문 시민열린마당 이었지만 경찰은 막무가내였다. 차도는 차벽으로, 인도는 방패로 막았다. 시민들이 인도 보행마저 차단한 경찰에 항의하자 캡사이신을 살포하고 항의하는 이들을 채증했다. 그야말로 적반하장이었다.

경찰이 '법'과 '과잉 금지의 원칙'마저 내팽개치고 이렇게 대응하는 덴 그만

한 이유가 있다. 설령 불법, 부당하게 대응하더라도 법원 판결까진 시간이 많이 소요될 뿐만 아니라 상황을 잘 모면하는 지휘관을 직무 능력이 뛰어나다고 평가해 중용하는 관행이 계속되고 있기 때문이다. 경찰은 중구청이 쌍용차 집회를 방해할 목적으로 대한문 앞 인도에 설치한 화단을 지킨다는 명목으로 집회를 금지시켰다. 사법부가 "헌법이 보장한 집회의 자유란 누구나 '어떤 장소에서' 자신이 계획한 집회를 할 것인가를 원칙적으로 자유롭게 결정할 수 있어야 비로소 보장된다."라고 위법 판결을 내릴 때까지 경찰은 9개월 동안 무소불위의 힘을 휘둘렀다. 책임자였던 남대문경찰서 경비과장은 승진했다. 용산 참사의 책임자 김석기 전 서울경찰청장도 한국공항공사 사장으로 임명되었다.

을지로입구역에서 차벽에 막힌 시위대가 골목을 통해 종각역 방향으로 진출하려 했으나 청계천과 을지로입구역 사이에 갇히고 말았다. 경찰이 물대포를 발사하겠다고 방송하고 있을 때 민주노총 간부라고 신분을 밝힌 이가 대열을 누비며 시위대에게 7시에 예정된 집회가 열리니 서울광장으로 되돌아가라고 지시했다. 이미 거리로 나선 시위대를 닫힌 광장으로 다시 몰아넣는 결정이었다. 경찰은 쾌재를 불렀을 것이다. 많은 사람들이 광장으로 되돌아가지 않고 뿔뿔이 흩어졌다. 서울광장엔 행진 시작할 때 인원의 채 10분의 1도 안 되는 이들이 모여 촛불을 들었다.

예정된 집회였다곤 하나 거리로 나선 시위대를 굳이 서울광장으로 되돌려 촛불 행사에 머릿수를 채우는 들러리로 세워야 했는지 되묻지 않을 수 없다. 집회를 위한 집회에 시위대를 동원했다고 볼 수밖에 없는 대목이다. 행진이 막힐 게 뻔히 예견된 상황에서 차벽을 돌파할 준비를 하든지 아니면 새로운 방식으로 싸울지 사전에 고민했어야 했음에도 국민파업위원회와 민주노총은 그렇게 하지 않았다. 그날 지휘부는 싸울 의사가 없었을 뿐더러 무능하기까지 했다.

집회 방식도 고리타분하다. 집회 장소가 어디든 참석자들이 무대 앞에 줄을 맞춰 앉으면 민중의례, 내빈 소개, 발언, 구호, 공연, 결의문 낭독 순으로 진행된다. 거의 모든 집회가 천편일률이다. 세상이 변하고 사람도 변했건만 집회 문화는 수십 년째 제자리걸음이다.

참석한 사람들조차 지루하다고 느끼는데 지나는 사람들은 어떻겠는가? 그만 그만한 내용을 반복, 나열하는 연사들의 발언은 감성을 자극하기는커녕 감동 없는 소리가 되어 허공에 흩어지고 만다. 엄숙함, 결연함, 진지함, 비장감이 감도는 분위기는 참가자들을 숙연하게 만들어 버린다. 당위와 의무감으로 앉아있을 뿐 참가자들의 열정과 동기는 시간이 흐를수록 잠식되는 게 현실이다. 거리에서 광장으로 되돌아가 촛불을 들었던 그날도 어김없이 그랬다.

이미 투쟁을 결의한 참석자들에게 집회는 짧을수록 좋다. 새로운 정보도, 투지를 드높이는 선동도 없이 들썩거리는 엉덩이를 땅에 붙잡아두는 건 고문이다. 2·25총파업 집회에 참석한 이들은 '행사'에 동원된 박수 부대가 아니었다. 거리에서 싸우겠노라 작정하고 집을 나선 이들이었다. 그런 상황에서 지휘부의 회군回軍 지시는 투쟁 의지에 찬물을 끼얹고 말았다. 명백한 전술 오류였다. 힘으로 차벽을 돌파할 계획도 없었고 행진을 계속할 수 없는 상황을 예견할 수 있었음에도 다른 계획을 수립하지도 않은 것이다.

수만 명이 순식간에 집으로, 식당, 술집으로 흩어졌다고 시위대를 탓하거나 푸념하지 말자. 오히려 그들이 힘껏 싸울 수 있는 전술이 필요하다. 진지를 구축하고 공방전을 펼칠 수 없다면 흩어져 게릴라전을 펴는 것도 방법이다. 서울광장 주변 몇 킬로미터 안에 사람들로 붐비는 지하철 역, 버스 승강장, 네거리가 수백 개나 있다. 그곳에 집회 신고를 내고 100~200명씩 흩어져 2차 데모를 하는 것도 생각해볼 수 있다. 경찰 병력을 분산시킬 수 있고 참가자들의 투지도 유지할 수 있다. 이밖에도 소음 데모, 횡단보도 데모 등도 기획할 수 있다.

요샌 데모를 해도 표가 나지 않는다. 물리력을 과시하는 위력적인 데모도 없고, 시민들을 접촉하려 해도 차벽에 막혀 목소리를 전달할 수 없고, 언론이 의도적으로 외면하기 때문이다. 지휘부와 참가자의 투지 못지않게 시위 전술에 대한 연구가 절실하다. 이럴 때일수록 상상력으로 싸우자. 상상력은 경찰의 지능화된 대응을 뛰어넘는 우리의 무기다.

동아리방에
임대료 청구하는 서울대

──────── 어제가 1년에 한 번 동창끼리 모여 북한산에 오른 뒤 4.19묘지를 참배하는 날이었다. 몸이 안 좋아 산행과 참배는 포기하고, 대한문 쌍용차 문화제에 참석하러 가기 전에 잠시 뒤풀이에 들렀다. 밖에서 담배를 피우고 있는데 낯익은 사람이 우리 옆 식당으로 들어가려다 말고 내게 다가와 혹 누구 아니냐고 물었다. 학과 후배였다. 창립된 지 27년 된 동아리 해산 모임을 위해 왔다고 했다. 같은 풍물패 동아리인데다 우리 동아리 창립 이듬해에 만든 동아리라 나도 기억하고 있었다. 안타까운 마음을 전하며 동아리 해산의 사연을 물었다. 올해 신입생이 없다는 이유로 학교에서 동아리방을 빼라고 한 게 직접적인 원인이라 했다.

며칠 전 우리 동아리 창립 30주년 행사를 준비하기 위한 모임이 있다는 연락을 받았다. 간만에 얼굴이나 비칠까 생각 중이었는데, 해산한다는 이웃 동아리의 얘길 듣고 이번엔 꼭 나가보리라 결심했다. 우리 동아리도 생존을 위해 여러차례 변화를 시도했다. 처음은 '원시공동체문화연구회' 원문연 라는 이름의 마당극 풍물패로 시작했고, 이후 '휘모리'를 거쳐 지금의 '민족극회새벽'으로 정착했다. '원문연'이란 이름에서 알 수 있듯 무계급, 공유 세상을 꿈꾼 동아리였다. 원문연은 회원을 모집할 때 세 가지 혜택 삼면 제도 을 약속했다. 군 면제 구속, 장학금 면제 학업 포기, 졸업 면제 제적 가 그것이었다. 80년대 동아리 대부분이 사라졌지만 원문연은 여전히 왕성하게 활동하고 있다. 100년 역사의 동아리로 생존해가기를 바라고 또 바란다.

서울대가 2011년 법인으로 전환해 수익 사업을 할 수 있게 됐다. 이에 사회대가 2007년 도입된 국공립대 '공간비용채산제도'를 근거로 학생들에게 동아리방 다섯 곳과 여학생 휴게실 한 곳의 연간 사용료로 620만원을 내라고 했다는 언론 보도가 있었다. 학생들의 반발에 학교 측이 일단 '학생자치활동지원비'에서 동아리 사용료를 충당하겠다고 물러섰지만, 학생 지원금에서 동아리 사용료를 차감하겠다는 것도 황당하긴 마찬가지다. 안을 폐기하지 않은 채 수단 방법을 안 가리고 결국 학생들에게 사용료를 받아내겠다는 뜻이기 때문이다. 동아리방 사용료 문제는 전국의 국공립대로 확산될 가능성도 있다.

이렇게 가다간 머지않아 대학에 '동아리방 분양권', '경쟁 입찰', '떳다방'이 등장할지도 모른다. 학생을 대상으로 학점 장사에서 임대업으로까지 사업 영역을 확장하고 있는 대학들은 이렇게 얘기하고 싶겠지? "스펙이나 쌓아서 우리 대학의 정규직 취업률이나 높일 것이지 얼어 죽을 자치 활동은 무슨?"

자치 활동을 지원해주기는커녕 학생들을 상대로 동아리방을 세놓겠다고 덤비는 대학이라는 이름의 부동산 업자들을 향해 일침을 가한 선구자가 있었다. 영화 <말죽거리 잔혹사> 2004년 유하 감독 작품 의 권상우, 그가 외친 말이 떠오른다. "대한민국 학교 좆 까라 그래."

팔레스타인과의
연대를 꿈꾸며

──────── 이스라엘의 팔레스타인 폭격으로 며칠 새 민간인 사상자가
500명을 넘어섰다. 학창시절 이스라엘의 애국, 민족성을 일방적으로 예찬하는
세뇌 교육을 받은 한국인은 이스라엘의 팔레스타인 점령의 진실에 접근할 수 있
는 안목이 제거당한 채 살아간다. 팔레스타인은 테러 국가, 이스라엘은 테러의
희생양이라는 제국주의 언론이 유포한 선악 이분법에 놀아날 수밖에 없는 것이
가련한 반공 국가 한국인의 운명이다.

몇 년 전, 중동에서 오랫동안 의료 봉사 활동을 한 노르웨이 의사는 한 인터
뷰에서 이렇게 말했다.

"이스라엘이 레바논을 무자비하게 침략한 1982년 나는 레바논의 수도 베이루
트에서 의료 봉사를 했다. 그때 환자 중에 '타리그'라는 레바논 소년이 있었다.
이스라엘 군인들이 그 아이의 부모와 가족, 친척과 친구들을 섬멸해 버렸다. 타
리크는 이 세상에 혼자 남았다. 수술을 여러 번 거듭한 끝에 그를 어느 정도 치료
했지만, 끝내 오른손은 못 쓰게 됐다. 그런데 그 애는 말도 안 하고 음식도 먹지
않았다. 완전히 절망한 것이다. 어느 날 나는 그에게 의욕을 주기 위해 '왼손으로

총을 다룰 수 있을 것'이라고 했다. 그때부터 그 아이는 그야말로 다시 살아났다. 나는 그때 그 아이가 싸움에 몰두하다 죽으리라는 것을 느낄 수 있었다. 그 아이에게 '싸우지 말라'는 말을 할 수 있는가? 싸우는 것이 불가능했다면, 그 아이는 죽고 말았을 것이다. 부유한 쪽에 사는 우리는 의식적 무의식적으로 큰 폭격기를 타고 제3세계에서 '또 하나의 작은 목표'를 파괴하려는 조종사의 눈으로 이 세계를 보고 있다. '새로운 십자군'을 들먹이는 부시의 망언들을 당연한 것처럼 듣는 우리는 그 거대한 '십자군'에 희생당할 사람들은 생각하지 못하는 것이다."

방위산업청 발표에 따르면 우리는 2010년 한해에 3797억 원에 해당하는 무기를 이스라엘에서 수입했다. 또 두산과 현대 자본의 중장비는 이스라엘의 팔레스타인 점령촌 건설과 팔레스타인의 가옥 철거에 사용되고 있고, 카이스트는 이스라엘과 군사 기술을 공동 연구하고 있다. 이쯤 되면 한국은 이스라엘의 팔레스타인 점령의 적극적인 공모국이라 할 수 있다. 이스라엘로 성지 순례를 떠나는 이들도 자신이 쓰는 바로 그 돈이 팔레스타인에 쏟아지는 포탄이 되고 있다는 사실을 생각해 봤으면 한다.

1947년 11월 UN안전보장이사회가 팔레스타인과 이스라엘의 분리 독립을 결의했지만, 유대인들이 이를 무시하고 일방적으로 건국을 선포해 버린 게 비극의 시작이었다. 현 정권은 공존과 평화를 거부한 이스라엘을 '창조 경제'의 모델로 제시했다. 정권의 눈엔 나스닥에 상장한 이스라엘 자본이 독일, 프랑스, 일본,

영국이 나스닥에 상장한 자본을 합한 것보다 많다는 점과 1인당 국민 총생산이 3만 달러가 넘는다는 화려한 겉모습만 보일 것이다. 하지만 우리는 이스라엘 자본의 화려함은 팔레스타인과 아랍 인민들의 피 위에 핀 꽃임을 알고 있다. 박근혜 정권은 유대 자본과의 연대를 꿈꾸지만 우린 팔레스타인, 아랍 인민과의 연대를 꿈꾼다. 자본의 연대 위에선 전쟁과 학살의 꽃이 피지만 인민의 연대 위에선 평화와 공존의 꽃이 필 것임을 알기 때문이다. 오늘도 제2, 제3의 '타리그'가 생기고 있음을 잊지 말자.

단결만이 살길이오
노동자가 살길이오

─────── 이사를 할 때 맨 마지막에 만나고, 이사한 집에 맨 먼저 들이는 사람이 통신 노동자다. 거의 모든 가구에 인터넷이 설치돼 있고 케이블방송 가입자가 전국에 1500만 명에 이르니 통신 노동자가 다녀가야 비로소 이사가 마무리되는 셈이다.

통신 노동자들의 삶이 절박하다. 하루 평균 아홉 시간 넘게 일한다. 법정 근로 시간은 일주일에 40시간이지만 주 52시간 이상 근무하고 있다. 한 달에 고작 2~3일만 쉴 수 있다. 시간외수당·4대보험·퇴직금, 그런 거 없다. 이렇게 일하고도 손에 쥐는 돈은 한 달에 200만 원 정도이다.

"평가 지표 스트레스로 죽을 것 같다."

"영업 압박만 없어도 좀 낫겠다."

"수수료를 인상해줬으면 좋겠다."

"4대보험이 됐으면 좋겠다."

"쉬고 싶다."

통신 노동자들의 하소연은 이렇듯 절박하다.

최근 2년 사이 '저녁도, 휴일도 없는 삶'을 개선하기 위해 티브로드, 씨앤앰, LG유플러스, SK브로드밴드 통신 노동자들이 노조를 결성해 싸우고 있다. 나는 이 투쟁에 꾸준히 연대하고 있다. 그 인연으로 평상시에도 소통하는 조합원이 생겼다. 며칠 전, 두 번에 걸친 파업 투쟁을 마치고 현장에 복귀한 티브로드 조합원에게서 50대 노조 간부가 회사의 젊은 팀장한테 폭행을 당했다는 연락을 받았다. 서울 강북센터에서 열린 규탄 집회에 다녀왔다. 조합원 수십 명이 멀리 인천과 경기도 안산·안양 등지에서 저녁밥도 거른 채 퇴근하고 곧바로 달려왔다. 발언 요청을 받고 마이크를 잡았다.

"요샌 동물을 때려도 처벌하는 세상입니다. 하물며 회사 팀장이 조합원을 폭행했는데도 센터장은 '흔한 일'이라며 폭력 팀장을 비호합니다. 우린 자본에 하루 중 몇 시간 노동력을 제공할 뿐 우리의 인격, 존엄, 영혼은 맡기지 않았습니다. 자본과의 싸움은 우리 노동자가 짐승, 기계, 노예가 아니라 사람임을 선언하는 숭고한 투쟁입니다. 반드시 이겨야 하는 이유입니다. 오늘처럼 자본의 핍박과 동료의 아픔을 자신의 일로 생각하고 달려오는 동료들의 단결이, 우리를 승리로 이끌어줄 것입니다."

자본과의 싸움에서 우리는 왜, 자꾸 지는 것일까? 승리의 조건이 '단결'이라는 건 누구나 알고 있다. 하지만 현실에선 호락호락하지 않은 일이다. 위기에 처한 들소 한 마리가 살기 위해 덤벼보지만 금세 상황이 역전돼 사자의 밥이 되고 만다. 자신도 언제 생사의 위기에 처할지 모른다는 생각으로 함께 살기 위해 발을 구르는 들소가 많아져야만, 풀숲으로 도망치다 엉덩이를 돌리는 들소가 많아져야만, 다 같이 살 수 있다. 하지만 이게 정말 어렵다. 나서는 사람만 손해보는 경우가 대부분임을 머리보다 몸이 먼저 알고 있고, 아무리 손 내밀어도 그 손을 잡아줄 이가 없거나 많지 않으리라는 두려움이 오감을 자극하기 때문이다.

설령 순간은 지더라도 단결의 경험이 있으면 다시 싸움에 나설 수 있다. 하지만 고립됐던 경험이 있는 노동자는 주저할 수밖에 없다. 그래서 순간의 승리보다 지더라도 '오랜 단결'이 중요하다. 이유유외易攸輶畏. 시경에 나오는 말이다. '쉽고 가벼워 보이는 것을 두려워하라'는 뜻이나, '기본에 충실하라'는 의미로도 해석할 수 있다. 노동조합운동의 기본이 바로 '단결'이다.

규탄 집회에 다녀온 며칠 뒤 폭력 팀장이 퇴출됐다는 소식을 들었다. 작은 승리다. 파업에서 승리하고 각자의 일터로 복귀했음에도 자본은 노조 결성 이전 상황으로 되돌리려고 사업장별로 도발을 계속할 것이다. 비록 물리적으로 멀리 떨어져 있지만 파업 때가 아니더라도 사업장을 뛰어넘는 일상의 단결이 민주노조를 사수하고 더 큰 승리를 기약할 수 있는 밑거름이라는 걸 신생 통신 노동자 조합원들이 깨우쳐가고 있다.

"단결만이 살길이오, 노동자가 살길이오."

그날 함께 불렀던 노래에 답이 있다.

올림픽은 인민의 삶을
어떻게 갉아 먹는가?

1972년 10월 계엄령 선포로 휴교(1972.10.24~1972.12.8, 45일간)

1979년 10월 계엄령 선포로 휴교(1979.10.27~1979.11.19, 23일간)

1980년 4월 교무회의 휴강령 공고(1980.4.9~1980.5.6, 27일간)

1980년 5월 5·17 조치 계엄령로 인한 휴교(1980.5.18~1980.9.5, 107일간)

1986년 9월 아시안게임으로 휴강(1986.9.15~1986.10.5, 18일간)

동창 모임 사회를 준비하기 위해 대학교 홈페이지를 기웃거리다 찾은 기록이다. 박정희, 전두환이 통치하던 시절 대학은 권력의 노예였다. 찍소리 못하고 권력의 뜻대로 휴교, 휴강을 밥 먹듯 했다. 1980년 5·17조치엔 무려 107일간 문을 닫았음에도 대학은 학생들에게 등록금을 반환하거나 일 원 한 푼 차감해 주지 않았다. 대학은 땅 짚고 헤엄치는 장사를 한 셈이다.

가장 황당한 휴강은 86년 아시안게임 때에 있었다. 전두환 정권은 도시 미관을 이유로 거리에서 노점상을 몰아냈다. 또 상계, 사당, 봉천, 신림, 도화, 구로, 하왕십리, 응봉, 전농, 오금, 서초, 남현, 삼양, 양평동 등 서울에서 200여 개 달동네, 뚝방촌을 강제 철거했다. 아시안게임과 올림픽을 빙자한 땅 투기에 재벌만 신이 났다. '가진 자들만의 잔치'를 참다 못한 도시 빈민들이 곳곳에서 들고 일어났다. 학생들도 민중 생존권을 짓밟는 정권에 맞서 '아시안게임반대' 투쟁을 벌이자 전두환이 휴교라는 극약 처방을 내렸다.

휴교령이 내려진 날 학생들이 교문 앞으로 삼삼오오 모여들었다. 교문은 굳게 닫혔고 전경이 학교를 점령하고 있었다. 평소엔 교문 밖으로 나오려고 싸웠는데 이젠 안으로 들어가기 위해 싸워야 하는 형국이었다. 하지만 뭘 해 볼 수 있는 인원도 안 되고 지휘부도 없었다. 멍하니 교문만 바라보다 해질 무렵 귀가했다. 이튿날도 나가 봤지만 집결하는 학생이 전날보다 눈에 띄게 줄어 있었다. 할 수 있는 일이 없었다. 무기력하게 싸움을 포기하고 도망치듯 2주간 전국으로 무전여행을 떠났다.

난 국제 스포츠 행사 유치를 반기지 않는다. 행사에 드는 비용을 학교 체육과 생활 체육에 쓰는 게 백 배 천 배 더 낫다고 생각한다. 보는 운동이 아니라 사회 구성원들이 집 부근의 다양한 시설에서 직접 참여하는 스포츠가 인민들을, 사회를 훨씬 더 건강하게 만들 수 있다고 믿는다. 우리 선수의 금메달보다 도시 빈민의 달동네 아늑한 보금자리가, 강원도의 아름다운 숲과 아름드리 노송이 더 값지다는 생각을 여전히 떨칠 수가 없다.

2002년 월드컵을 한국과 일본이 공동으로 치른 게 얼마나 다행스러웠는지 모른다. 단독으로 개최했다면 건설비와 시설 유지비가 껑충 뛰었을 테고 산천은 더 망가졌을 것이다. 2018년 평창동계올림픽 개최로 강원도가 몸살을 앓고 있다. 17일간의 행사를 위해 대회 후 곧바로 철거할 시설을 짓는다고 산천을 파헤치며 인민들의 주머니를 털고 있다. 흑자 논리가 헛소리라는 건 올림픽 역사가 이미 입증했다. 배를 채우는 건 건설사, 지주, 국제 스포츠 기업, IOC 등 올림픽 마피아요, 깡통을 차는 건 인민이다. 속빈 강정은 먹을 수라도 있지만 속빈 올림픽은 인민에겐 독배다. 현재로선 분산 개최 지자체, 남북, 한일 등가 그나마 폐해를 줄일 수 있는 유일한 해법일 텐데, 박근혜 정권과 강원도는 이마저도 거부하고 있다. 한탄스러울 뿐이다.

삼진 아웃제를
확대하자

──────── 검찰이 지난 5월 집회·시위 참가자에게 '삼진 아웃제'를 적용해 엄벌하겠다고 발표했다. '삼진 아웃제'는 집회·시위 현장에서 불법 행위로 최근 5년 동안 두 번 넘게 벌금 이상의 처벌을 받았거나, 기간과 관계없이 네 번 이상 처벌받은 경우 벌금형 약식 기소가 아닌 정식 재판에 넘기는 제도다. 국정원 부정 선거, 공공재 사유화 추진, 세월호 참사 등으로 집회·시위가 잦아지자 부랴부랴 시민을 길들이려는 의도를 드러낸 것이다. 이는 데모가 발생하는 원인을 찾아 문제를 해결할 생각은 안 하고 데모를 잡으면 문제를 덮을 수 있을 거라 생각하는 독재적 발상이다.

장 자크 루소는 "대의제에서 인민은 주권자가 아니라 노예"라고 말했다. 투표장에 들어갈 때는 주인이지만 투표장을 나오면 다시 노예의 삶을 산다는 뜻이다. 데모는 이를 극복하기 위해 필요한 민주주의 장치이자 주권자의 상시적인 투표 행위다. 데모는 집회와 시위의 범주를 넘어선다. 'demonstration'은 집회와 시위뿐만 아니라 의견 및 감정 표현까지를 포함하는 실행의 개념이다. 이를 제약하려는 모든 시도는 주권자들에게 엎드려 '가만히 있으라'라고 말하는 것과 같다.

이런데도 군이 시행하겠다면 집회·시위 '삼진 아웃제'에 대한 반대 여론을 잠재우는 것이 먼저다. 그러려면 '삼진 아웃제'를 사회 전반에 걸쳐 확대 시행하겠다고 선포하면 된다. 지난 6·4 지방 선거 당선자 가운데 3분의 1이 전과자3952명 중 1418명, 전체의 36%로 그 중엔 파렴치범, 사기, 음주 뺑소니, 뇌물 수수범도 대거 포함돼 있었다. 광주광역시에서 새누리당 공천을 받아 구의원에 당선된 모 씨는 폭력 행위 4회, 윤락행위방지법 3회, 존속 협박 폭력 등 전과 9범이다. 전과 4~5범 구청장 당선자들도 있다. 일반인의 상식으로 도무지 납득할 수 없는 이런 해괴한 일이 되풀이되지 않게 하려면 전과 3범 이상은 공직 선거에 출마할 수 없도록 제한하자. 탈세, 건축법 위반, 노조 설립 방해죄, 건축물 용도 변경죄, 선거법 위반, 범인 은닉 도피죄 등 무려 두 자리 수 전과를 지닌 사람이 대통령에 당선되기도 했으니 전과 3범쯤은 대수롭지 않게 여길 수도 있겠지만, 살면서 별을 세 개씩이나 단다는 게 어디 그리 흔한 일인가?

시민들에게 호응을 얻을 수 있는 방안은 더 있다. 국가와 사회를 위해 세 번 봉사했으면 이제 그만 노후를 즐기라는 뜻에서 국회의원 3선 이상자의 출마를 제한하자. 기업의 윤리 경영, 전문성, 사회적 책임을 고려해 삼대 세습을 할 수 없게 하자. 이를 어기려 들 경우 해당 기업을 해체하자. 아울러 1년에 산재 사망 사고를 3번 일으키는 기업의 CEO 재산을 몰수하고 산재 살인법을 적용해 처벌할 수 있도록 하는 법을 만들자. 당선만 되면 나 몰라라 하는 정치인들에게 경종을 울리기 위해 거짓말 3번 한 정치인은 퇴출, 공약 세 개 이상 불이행하는 대통령은 퇴진시킬 수 있는 특별법을 만들자.

　최근 군에서 고문 살인 사건이 발생해 자식을 군에 보냈거나 보내야 할 부모들은 두려움에 떨고 있다. 같은 부대 내에서 폭행 사건이 3회 발생할 경우 해당 부대 사단를 즉시 해산시키자. 사단장들이 문제를 해결하기 위해 발 벗고 나설 것이다. 논문 3회 표절한 교수는 파면, 성추문 연루 의원 세 명이면 정당 해산……. 삼삼하지 않은가?

생각만 해도 끔직한
서북청년단

───────── 서울광장에 설치된 세월호 추모 리본을 우익 단체가 강제로 철거하려 한다는 소식을 듣고 2014년 9월 27일 서울광장으로 달려갔다. 설마 했는데 예고한 단체가 정말 가위와 상자를 들고 광장에 나타났다. 그들의 가슴과 등에 적힌 '서북청년단'서청 글씨를 보자 '학살'이라는 섬뜩한 두 글자가 머릿속에 떠올라 손이 떨리고 심장이 벌렁거렸다. 그들은 광장 모퉁이에서 '서북청년단재건준비위원회' 이름으로 기자 회견을 열어 성명을 발표했다.

"해방 직후 북한 공산주의의 거짓과 허상을 뼈저리게 경험하고 자유를 찾아 월남한 서북 지방 청년들이 중심이 되어 결성된 서북청년단은 구국의 최전선에서 공산주의에 맞서 자유 대한민국을 지켜낸 구국의 용사들이며, 이들의 정신을 이어받아 '서북청년단' 재건을 준비하고 있다. 이에 뜻을 같이하는 구국 청년들의 참여를 기다린다." —서청 성명서 중에서

서북청년단이 어떤 만행을 저질렀는지 알고 있는 게 분명함에도 그들은 너무도 당당하게 '서청'의 정신을 이어받겠다고 선언했다. 서청은 1945년 해방 이후 식민지 시대의 정치적·경제적 기득권을 잃고 북한에서 남하한 세력이 결성한

극우 테러 단체이다. 4·3항쟁 당시 제주도에서 우익 민병대로 악행을 일삼았다. 제주도민 30만 명 중 3만 여명이 학살된, 우리 현대사에서 가장 큰 비극 중 하나인 제주4·3항쟁에서 그들은 학살의 실행자였다. 뿐만 아니라 대구 노동자 파업, 보도연맹사건, 거창양민학살사건에도 개입해 민간인 수십만 명의 학살에 직접 관여했다. 김구 선생을 암살한 안두희도 서청 조직원이었다.

독일 검찰은 지난 3월 나치 친위대SS 소속으로 아우슈비츠수용소에서 의료진으로 일하며 수용자 살상에 가담한 아흔세 살 나치 전범 용의자를 체포해 법정에 세웠다. 아무리 오랜 세월이 흘러도 역사가 평가를 내린 반인륜 범죄에 단호하게 대처하는 독일의 '역사 반성'을 우리 사회도 배워야 한다. 정부는 올해 제주4·3항쟁을 국가추념일로 지정해 국가와 서청의 민간인 학살에 대한 잘못을 일부 시인했다. 정부의 이런 노력이 의심받지 않으려면 대명천지에 극우 테러 조직인 서청의 정신을 계승하고 이를 재건하겠다는 이들을 방치해선 안 된다. 엄중하게 책임을 물어야 한다. 이들에 대한 태도가 현 정권의 역사 인식 척도의 하나가 될 것이다.

'반공'이라는 이름으로 자행된 서청의 만행은 일제 식민지의 잔존 세력을 청산하려다 채 1년도 활동하지 못하고 1949년에 해산당한 '반민족행위특별조사위원회'반민특위 의 비극에서 비롯된 것인지도 모른다. 이승만 정권은 통치 기반과 권력을 유지하기 위해 친일 세력을 규합해 그들의 손에 '반공'을 무기로 쥐어줬지만 그리 오래가지 못했다. 인민들이 4·19혁명으로 이승만을 무너뜨렸다. '반공'이라면 학살과 야만에도 면죄부를 줬던 정권의 운명은 결국 몰락이었음을 우리는 그리 멀지 않은 역사를 통해서 알고 있다. 여전히 광장에 나부껴야 할 깃발은 야만의 서청이 아니라 비운의 반민특위 아닐까? 광장에서 서청을 보게 되는 사회의 이름은 '야만공화국'일 수밖에 없다.

'무상급식'이 아니라
'의무급식'이다

——————— 몇 년 전, 서랍 가득 쌓인 딸의 학용품을 화제로 아내와 얘길 나누다 어린 시절의 한 장면이 떠올라 눈물을 떨구었다.

가난했다. 건설 노동자 아버지의 외벌이로 할아버지, 할머니, 이모를 포함하여 열 식구가 먹고 살았다. 5남매가 동시에 학생일 때도 있었다. 기성회비 때문에 학교에 가지 않겠다고 버티는 자식을 보며 당신들은 가슴을 쥐어 뜯었을 것이다. 기성회비만이라면 그나마 다행이었다. 학용품, 교복, 준비물, 실습비, 소풍, 체육대회, 수학여행 등 돈 들어갈 일이 한두 가지가 아니었다. 부모님과 5남매의 실랑이가 그칠 날이 없었다.

어느 때부터인가 부모님에게 큰 위안거리가 생겼다. 서울의 손꼽히는 부잣집 아이들이 다닌다는 여의도초등학교에 근무하던 친척이 학생들이 버리거나 잃어버린 학용품과 옷학생들이 옷을 찾지 않는 것은 물론 이튿날이면 언제 그랬느냐는 듯 새옷을 입고 등교했다고 한다.을 모아 방학 때마다 우리 집에 들렀다. 어머니는 친척이 가져온 물품을 장롱 깊숙한 곳에 넣고 자물쇠를 채웠다. 우리가 요구할 때면 어머니가 직접 꺼내줬다. 그러던 어느 날, 동생이 냅다 소리를 질렀다.

"우리가 거지새끼야?"

남이 쓰던 물건을 쓰는 것도 마음에 안 드는데, 자기가 원하는 만큼 주지 않는 어머니에게 동생이 대든 것이다. 난 마음속으로 동생을 응원했다. '그래 더 대들어라. 나도 진작부터 하고 싶었던 말이다.' 어머니는 동생의 요구대로 학용품을 꺼내주더니 밥을 짓는다며 부엌으로 들어갔다. 그날 난 부엌 문틈 사이로 똑똑히 봤다. 쌀을 씻으며 떠는 어머니의 어깨를, 쌀뜨물 위로 떨어지는 어머니의 눈물을, 보고야 말았다.

40여 년이 흘렀지만 당시 어머니의 모습이 잊히지 않아 옆지기와 얘기하다 눈물을 흘렸다. 이 땅의 수많은 어머니들은 여전히 울고 있다. 나 자랄 때보다 교육비 부담이 훨씬 커진 상황이니 어머니들의 눈물도 그만큼 많아졌으리라. 경상남도와 경기도가 '의무급식'무상급식이란 말은 옳지 않다. 의무교육에 필요한 비용을 사회가 부담해야 한다는 측면에서 보면 의무급식이 다당하다 을 중단하겠다고 한다. 애들 밥은 빚을 내거나 도둑질을 해서라도 먹여야 하는 게 어른의 도리일진대 먹던 밥마저 빼앗겠다고 덤빈다.

2014년 9월 말 현재 국내 10대 재벌이 보유한 현금 자산현금, 현금성 자산, 단기 금융 상품 등은 125조 4천100억원이다. 지난해 말 108조 9천900억원보다 16조 4천200억원15.1%이 증가했다. 국회예산정책처가 제출한 '2008년 이후 감세 정책

현황'에 의하면 2008년부터 2012년까지 약 82조 2천억원의 정부 세수가 줄어 든 것으로 나타났다. 이 중 법인세, 소득세, 종합부동산세 등 부자 감세가 71조 2 천억원으로 전체 감세액의 87%를 차지했다. 한 정치인은 "대기업에 인하해 준 법인세를 원위치 하면 연 5조원의 세수를 확보할 수 있을 것"이라고 말한다. 금 은보화 가득한 재벌의 곳간만 조금 열어도 '의무급식' 문제는 충분히 해결하고 도 남는다. 예산이 부족해 애들 밥을 먹일 수 없다고 하는 건 정부의 무능과 무 책임을 자인하는 꼴이다.

"백성은 나라의 근본이요, 밥은 백성의 하늘이다."

누구 말이냐고? 정치인들이 앞 다퉈 존경한다고 떠드는 세종대왕 말씀이다. '하늘'의 명이다. 닥치고 밥!

모란공원으로
소풍을 가자

─────── 2014년 10월 19일 데모당원들과 경기도 남양주시 마석에 있는 모란공원 민족민주열사묘역으로 가을 소풍을 다녀왔다. 〈임을 위한 행진곡〉을 부른 뒤 하늘로 수학여행을 떠난 세월호 학생들을 잘 돌봐달라는 뜻을 담아 노란리본 120여 개를 열사들 묘 앞에 하나씩 꽂았다. 서로 먼저 꽂으려고 이리 뛰고 저리 뛰고, 개인적으로 관심이 더 가는 열사에겐 자기가 하겠다고 다투고(?), 빠뜨린 곳을 찾으면 보물을 찾은 듯 소리를 질렀다. 엄마와 아들이 리본을 함께 꽂으며 열사의 삶이 요약된 비문을 읽는 모습은 가을 하늘만큼이나 아름답고 눈이 부셨다.

마석 모란공원은 우리나라 최초의 사설 공원 묘지다. 1970년 전태일 열사가 그곳에 잠들었고, 1986년 박영진 열사를 안장하기 위해 한 달여에 걸친 투쟁으로 30여 명이 구속되기도 한 곳이다. 최근에 성유보 전 동아자유언론수호투쟁위원회동아투위 위원장이 묻혔다. 현재 민족민주열사묘역엔 민주주의, 노동해방, 생존권 사수, 통일을 위해 투쟁하다 돌아가신 노동자·농민·빈민·장애인·학생 등 120여 명이 모셔져 있다.

동대문 평화시장에서 "우리는 기계가 아니다. 근로기준법을 준수하라."라고 외치며 산화한 전태일, 자식 곁으로 떠나는 순간까지 1천만 노동자의 어머니로 산 전태일 열사의 어머니 이소선, 남영동 대공분실에서 끔찍한 물고문을 받으면서도 조직과 동지를 지키고 마침내 1987년 6월항쟁의 기폭제가 된 박종철, 1988년 온도계 제조공장에서 일하다 수은 중독으로 사망해 우리 사회의 직업병 문제에 경종을 울린 열다섯 살 노동자 문송면, 평생을 실천하는 지식인으로 산 김진균, 민주주의와 통일운동의 별 늦봄 문익환과 봄길 박용길, '전태일 평전'의 저자이며 영원한 민중의 변호인 조영래, 1991년 5월 범국민대회에 참가했다 백골단과 전경의 곤봉과 방패에 숨진 김귀정, 한-미 자유무역협정FTA 협상장에서 분신으로 항거한 허세욱, 1988년 노조 탄압에 맞서 "광산쟁이도 인간이다."라고 외치며 스러져간 광산 노동자 성완희, 2005년 여의도에서 열린 쌀 개방 반대 농민대회에서 경찰 방패에 맞아 숨진 농민 전용철, 흰 고무신과 작업복 바지 차림으로 민주화운동 현장을 누비며 반독재 투쟁에 헌신한 계훈제, 2010년 국가인권위원장 퇴진 점거 농성 중 급성 폐렴으로 생을 마친 장애인 자립생활운동가 우동민, 기아차동차 비정규직 해고자로 복직 투쟁 과정에서 하늘로 간 청년 노동자 윤주형, 지난해 10월 '무노조 괴물' 삼성과 싸우다 동지들 곁을 떠난 별이 아빠 최종범……

열사는 산 자의 기억 속에서 산다. 그 기억이 투쟁으로 계승될 때 비로소 열사는 현실에서 우리와 함께 호흡하게 된다. 기계보다 못한 대우를 받으며 정리해고와 노조 탄압에 맞서 싸우는 비정규직, 10년 전 전용철 열사가 외치던 '쌀 개방 반대'를 지금도 외쳐야 하는 농민, 산업 재해와 직업병으로 1년에 수천 명이 죽어나가는 노동자, "우리도 인간이다."를 외치는 장애인, 국가정보원의 대선 개입과 세월호 참사에서 보여준 정권의 반민주성과 무능에 분노한 시민, 철도·의료 등의 사유화로 생존권을 위협받는 민중, 미래의 비정규직 학생들이여, 올 가을엔 모란공원으로 소풍을 떠나자. 열사들을 불러내 한바탕 가을을 놀자. 열사들의 염원을 가슴에 안고 다시 거리에서 신명나게 투쟁을 노래하자.

"겨울꽃이 되어버린 지금/ 피기도 전에 시들지도 모릅니다/ 그러나 진정한 향기를 위해/ 내 이름은 冬花라 합니다// 세찬 눈보라만이 몰아치는/ 당신들의 나라에서/ 그래도 몸을 비틀며 피어나는 꽃입니다."
—박래전의 시 <동화> 冬花의 일부

1988년 6월 '광주 학살 원흉 처단, 군사 파쇼 타도'를 부르짖으며 숨진 박래전 열사 당시 숭실대 인문대 학생회장. 인권운동가 박래군이 열사의 형이다 의 시, <동화>를 만나러 지금 모란공원으로 가자.

엿 드셈!

며칠 전 데모당페이스북 그룹이 영양댐건설반대공동대책위에 투쟁 기금을 전달했다. 댐 건설을 반대하는 영양군 주민들이 2013년 4월~8월 곳곳에 현수막을 내걸었다. 그 중엔 '엿 먹어라. 영양 군수, 영양댐, 국토부 잡놈들아!'라고 쓴 현수막도 있었다. 군수를 조롱하고 명예를 훼손한다는 핑계를 대며 군청이 사전 통보도 없이 게시된 현수막 36개를 훔쳐가는 일이 벌어졌다. 새벽에 기습적으로 마을을 돌며 두 번에 걸쳐 현수막을 떼어내 트럭에 싣고 도망친 것이다. 이 소식을 들은 데모당이 반말과 욕이 들어갔다는 이유로 현수막을 철거하지 못하도록 존댓말―엿 드셈. 영양 군수, 영양댐, 국토부 잡님들아!―로 제작한 현수막을 보냈지만 결과는 마찬가지였다.

주민들이 "훔쳐간 현수막을 내놓으라."며 군청으로 두 번 달려갔다. 그 과정에서 군청 직원들과 몸싸움이 벌어졌다. 첫 번째는 군청 과장과 부군수가 현수막 훔친 사실을 인정하며 대책위에 현수막 한 장당 4만원씩 보상했지만 두 번째는 배째라며 버텼다. 사건은 그것으로 끝나지 않았다. 2014년 10월 29일, 도둑질한 공무원들은 멀쩡한데 항의하러 갔던 농민들만 줄줄이 법정에 끌려가 중형을 선고받았다. 죄명도 무시무시한 특수공무집행방해죄, 공동주거침입죄, 일반교통방해죄, 공용물건손상죄였다. 징역 2년·집행유예 3년 한 명, 징역 1년·집행유예 2년 한 명, 징역 6월·집행유예 1년 한 명, 벌금 500만원 한 명, 벌금 300만원 다섯 명, 벌금 150만원 한 명이었다.

영양댐은 2012년 예비 타당성 조사에서 경제성 없는 사업으로 판명이 났고, 환경부조차 댐 건설 장기 계획에 대한 전략환경영향평가를 통해 영양댐을 계획에서 빼라고 권고했다. 하지만 영양군은 하류 안동댐과 임하댐에 이미 18억 톤의 물이 있는데도 물을 추가 확보해 180km나 떨어진 경산에 공급하겠다며 건설 계획을 강행했다. 주민들은 삶의 터전을 잃었고 사향노루, 산양, 수리부엉이, 수달, 담비, 삵, 쉬리 같은 천연기념물이 서식지를 위협받고 있다.

현재 국제대형댐위원회 ICOLD 에 등록된 우리나라의 대형 댐 높이 15m 이상 은 1200여 개에 달한다. 댐 개수로 세계 7위, 국토 면적당 댐 밀집도는 세계 1위를 차지하는 그야말로 '댐 왕국'이다. 지구상에 댐을 위해 공기업 수자원공사 을 만들어 운영하는 나라는 우리나라밖에 없다. 미국은 기존 댐을 허물기 시작해 1천여 개가 사라졌다. EU, 일본 등 선진국에선 댐과 같은 인공 구조물을 짓거나 강바닥을 준설하는 행위를 법으로 금지하고 있다. 이런데도 국토부는 시대를 역행해 지리산댐, 달산댐, 지천댐, 오대천댐, 피아골댐 등 14개 댐을 추가로 건설하려하고 있다. 국책연구기관마저 경제성이 없다고 평가를 내린 댐을 용도까지 바꿔가며 추진하고 있는 이유가 뭘까? '토건 마피아'의 효자인 '댐 마피아'의 생존을 위한 몸부림이 주된 원인이다. 댐을 건설하고 유지해야 부처를 유지, 확산할 수 있다고 생각하는 국가 기구와 토건 자본, 지자체장, 설계 회사, 지주의 탐욕이 주민들의 생존권과 우수한 생태 환경을 수몰시키고 있는 것이다.

"저는 고향 없는 나라에는 살고 싶지 않습니다. 그래서 앞으로도 댐 반대를 계속할 것입니다."

– 영양군 주민의 최후 변론의 일부

평생 흙을 일구며 살아온 순박한 농민을 범죄자로 내모는 영양군의 댐 건설 계획을 반대한다. 그들의 삶을 수몰시킬 수 없다. 데모당은 지난해 만든 현수막을 다시 보낼 것이다.

"엿 드셈, 영양 군수, 영양댐, 국토부 잡님들아!"

인술이냐,
돈벌이냐

━━━━━━━ 2013년 홍준표 경남지사는 도민은 물론 소속 정당의 일부 의원들의 반대를 무릅쓰고 진주의료원을 폐업시켰다. 100년 역사의 공공 의료 기관이 하루아침에 문을 닫는 사회에서 의사가 되려는 학생들은 어떤 생각을 갖게 될까? 돈 버는 병원, 돈 버는 의사 아니면 존재 가치조차 없다는 생각이 머릿속 깊이 박혔을 것이다. 우리는 부모의 경제력과 사교육의 뒷받침 없이는 의대에 진학할 수 없는 사회에 살고 있다. 의대 진학 과정부터가 부와 출세의 보상 심리를 지닐 수밖에 없는 세상이 되었다. 생명은 뒷전이고 돈을 최고의 가치로 여기는 사회 풍토는 의대생들의 가치관을 되돌릴 수 없을 정도로 심각하게 왜곡시키고 말았다.

며칠 전 서울시 자치구별 2013학년도 의·치대·한의대에 합격생 수일반고 기준를 분석한 기사를 읽었다. 강남구 235명, 노원구 46명, 송파구 44명, 서초구 41명, 양천구 27명 순이었다. 5개구 합격생을 합치면 393명이었다. 이는 서울 일반고계 전체 합격생의 84.3%를 차지하는 수다. 강남 3구강남, 서초, 송파만 계산해도 320명68.7%이나 된다. 반면 금천·도봉·동대문·영등포·용산·중랑구는 두 명,

관악·은평·종로구는 한 명에 그쳤고 강북·동작·마포·성동·성북구는 합격생이 한 명도 없었다. 2011년과 2012년 조사에서도 결과는 비슷했다. 자치구별 학력 불균형은 심각한 수준을 넘어 치유 불가능한 단계에 이미 도달했다. 도대체 어쩌다 이 지경까지 왔단 말인가? 기사를 읽고 걱정을 넘어 참담한 심정이었다.

쿠바의 한 의대가 전 세계 NGO단체에 신입생 모집 안내 편지를 보낸 적이 있었다. 편지 내용을 요약하면 이렇다. "의과대학 6년 동안의 교육비, 책값, 하숙비, 식비, 의복비 모두 무료. 매달 장학금 100페소 지급. 25세 이하 응시 가능. 단, 가난한 농촌 출신이어야 하며 졸업 후 의사가 있는 도시 대신 농·산촌에서 일하겠다는 맹세를 해야 한다." 이 학교에는 27개국에서 유학 온 학생이 무려 1만7천여 명 2006년 기준 이나 된다. 이들은 졸업 후 '맨발의 의사들'이 돼 세계 곳곳으로 무료 의료 봉사를 떠난다. 현재 2만5천여 명의 쿠바 의사가 세계 68개국에서 활동하고 있다.

에이즈 이후 최대 의료 재앙으로 불리는 에볼라 확산을 막기 위해 2014년 '맨발의 의사들'이 나섰다. 의사와 간호사 1만5천 명이 지원했다. 쿠바 정부는 이들 가운데 500여 명을 에볼라 진원지인 서아프리카에 파견했다. 의료진 가운데서도 희생자가 나오고 있지만 그들은 본국 송환마저 거부한 채 아프리카인과 똑같은 조건에서 현지 치료를 받을 것이라고 한다.

병과 싸우는 인민을 돕는 것이 의사의 책무다. 죽음의 공포에 맞서 쿠바의 의사, 간호사들이 지금 그 책무를 다하고 있다. '맨발의 의사들'은 말한다.

"생명이 돈보다 더 가치가 있음을 깨닫고, 여기에 부드러움과 배려심만 있으면 사람을 구할 수 있다."

쿠바 의료진의 헌신성은 결코 우리가 도달할 수 없는 꿈이 아니다. 쿠바에서는 인술이 이미 현실이 되지 않았는가? 그 헌신성이 에볼라보다 더 빠르게 아프리카로 전파되고 있지 않는가? 우리도 가능하다. 의사 개인의 선의지에 맡겨서 될 일은 아니다. 방법은 다른데서 찾아야 한다. 신자유주의에 의해 붕괴되고 있는 공공 의료 체계를 재건해야 한다. 아픈 사람은 누구나 돈 걱정 없이 치료를 받을 수 있어야 한다. 공공의료의 재건과 확산, 그리고 무상의료가 그 꿈을 현실로 이끄는 이정표가 될 것이다.

"의술을 개인의 사욕을 위해 쓰지 않겠다."

쿠바의 의과대학 입학생들은 매년 이렇게 선서를 한다. 멋지지 않은가? 감동적이지 않은가? 우리나라 의대생들에게도 저런 멋진 선서를 하게 해주자. 돈벌이가 아니라 생명을 살리도록, 사욕이 아니라 공동체에 헌신할 수 있도록 우리가 나서자. 지금은 시작이 다르니 끝도 다를 수밖에 없다. 하지만 가능하다. 의료 체제가 바뀌면 의사도 바뀐다.

레드북스를
응원함

──────── 얼마 전 약속이 있어서 오랜만에 신촌엘 갔었다. 시간이 남아 사회과학서점 '오늘의 책'을 찾아 갔는데, 간판만 남고 문이 굳게 닫혀 있었다. 임대료가 싼 곳으로 옮기면서까지 서점을 살리려 했으나 이마저 허사로 돌아간 것이다. 안타까웠다.

내가 다닌 대학 앞에도 '한마당'이란 사회과학서점이 있었다. 10평 남짓한 비좁은 공간에 빼곡히 책만 쌓인 서점이었다. 우리에겐 양서, 독재 권력에겐 '금서'였던 책을 살 수 있는 유일한 공간이었다. 공개해서 판매할 수 없었던 책은 알음알음 비밀리에 판매했다. '금서'로 지정된 책이 있느냐고 물으면 안면이 없는 사람에겐 없다고 했고, 단골에게도 주변을 살펴 이상이 없다 싶으면 그제야 숨겨뒀던 책을 꺼내 줬다.

<노동해방문학>이란 진보 문예지가 있었다. 이 책을 구매하는 방법은 더 치밀했다. 조직에서 한마당 서점에 잡지가 배포되는 날짜와 시간을 미리 알려줬다. 그러면 서점 주변에서 대기하고 있다가 서둘러 구입하곤 했다. 학생들이 몰려 한 번에 사면 행운이었고 두세 번 발걸음을 해야 할 때도 많았다. 이적 표현

물을 판매했다는 이유로 서점이 압수 수색을 당하고 주인이 구속되는 일도 벌어졌다. 90년 3월엔, <민중의 바다>라는 책을 판매했다는 이유로 검찰이 성동 경찰서를 통해 압수 수색 영장을 신청한 적도 있었다.

철학에세이, 철학의 기초이론, 페다고지, 유물변증법, 사회주의란 무엇인가, 죽음을 넘어 시대의 어둠을 넘어, 레닌, 옥중수고, 러시아혁명사, 분단을 뛰어넘어, 사이공의 흰옷, 노동의 새벽, 강철은 어떻게 단련되는가, 자본주의 경제의 구조와 발전, 자본, 무엇을 할 것인가, 노동해방문학 등등 한마당에서 구입한 책이 내 삶을 바꿨다. 학생운동 정파에 따라 구입하는 책에 차이가 있었다. 학생운동에 자양분을 공급한 '스터디'^{비공개 학습모임}의 커리큘럼이 달라서 생긴 일이었다. 서점 주인은 정파의 인맥을 꿰뚫고 있었다.

90년대 초까지만 해도 서울에 40여 개에 사회과학서점이 있었다. 하지만 그후 학생운동이 퇴조함에 따라 거의 괴멸되다시피 했다. 전야^{서울대}, 녹두^{동국대}, 서강인^{서강대}, 이어도^{홍익대}, 논장^{성균관대}, 창의서섬^{서울시립대}, 지평^{경희대} 등이 '사랑도 명예도 이름도 남김없이' 사라졌다. 지금은 풀무질^{성균관대}, 그날이 오면^{서울대} 등 대여섯 곳만 남아 명맥을 이어가고 있다.

이런 상황에서 3년 전 무모한(?) 도전을 시작한 서점이 등장했다. 서대문역과 독립문 사이 중간 지점에 인문사회과학서점 '레드북스' Red Books 가 문을 열었다. 주인도, 서점 이름도, 간판도 모두 빨갛다. '레드북스'는 책을 사고파는 곳^헌

책도 취급한다을 넘어 '책 카페'를 표방한 서점이다. 차를 마시며 토론하고, 독서 소모임, 영화제, 음악회, 저자와의 만남 등이 이뤄지는 공간이다. 지난 주에 들러 책을 사고 주인과 술도 한잔 마셨다.

서점 주인은 돈을 벌려고 연 게 아니라고 하지만 난 생각이 다르다. 이 서점이 경영에 필요한 돈을 벌어야 한다고 생각한다. 인문사회과학서점을 지키는 일도 중요한 운동이다. 누군가 이곳에서 구입한 '전태일 평전'을 읽고 이를 깨물며 노동자와 노동의 가치를 되새기는 일이 지속되기를 바라기 때문이다. 지인들에게 뿌리려고 명함 몇 장 얻어왔다.

죽을 각오로
사유화에 맞서야 한다

———————— 자본주의 사회에서 최고의 가치는 이윤이다. 자본주의는 이윤 창출을 위해 물불을 가리지 않는다. 이윤을 위해서라면 고문 기구를 팔러 염라 대왕을 찾아 지옥에라도 갈 기세다. 1970년대에 등장한 시장 만능의 신자유주 의는 인민의 생명과 삶을 위한 최소 안전장치인 공공재마저 사유화 민영화가 아 니다. 기업의 소유권을 개인에게 넘기려는 것이기에 사유화(私有化)로 부르는 게 정확하다. 하기 를 주저하지 않았다. 교통, 의료, 물, 전기, 가스, 바람은 물론 치안과 국방도 상 품화했다.

2010년 10월 미국 테네시 주 오비언 카운티에서 벌어진 일이다. 한 시민이 소 방 서비스 제공 대가로 매년 내야 하는 75달러를 내지 못했다. 화재가 발생해 소 방차가 출동했지만 소방관은 불구경을 하며 옆집 75달러를 납부한 이웃집 으로 불이 번지지 않도록 두 집의 경계에 물만 뿌렸다. 결과는 어떻게 됐을까? 신고한 사 람의 집은 모두 불타 버렸다. 소방관들은 출동 전에 신고자가 돈을 냈는지 확인한다. 설마 우리에게도 이런 일이 닥칠까? 설마가 사람잡는 법이다. 그런 일은 없을 거라고 믿는 사람이 있다면 이는 자본의 속성을 제대로 파악하지 못하는 사람이다. 이미 우리 사회에서도 맥쿼리 같은 투기 자본이 다리, 도로, 터널, 풍력 발전을 상업화했다. 그들은 지금 이 순간에도 막대한 이윤을 남기고 있다.

미국에서는 총기 난사 사건이 하루가 멀다 하고 일어나고 있다. 총기 사건이 끊임없이 발생하는 와중에도 미국총기협회 NRA 는 당당하게 광고를 한다. "총을 든 악당을 막을 수 있는 건 총을 든 착한 사람뿐이다." 생명보다 이윤을 먼저 생각하는 게 자본의 본질이다. 자본주의에서 인간의 생명은 이윤의 바람 앞에 놓인 촛불에 불과하다. 자본은 그 촛불마저 끌 기세로 덤비는 탐욕의 광풍이다.

일제강점기 수리 조합이 농민들에게 부과하기 시작한 수세가 80년대 말까지 계속되었다. 참다못한 농민들이 떨쳐 일어났다. 전남에서 시작된 투쟁은 삽시간에 전국으로 번졌다. 1989년 2월 13일 수만 명의 농민이 여의도광장에서 농민대회를 열어 투쟁의 정점을 찍었다. 노태우 정권은 백기를 들었고, 농민 투쟁은 '전농'을 만드는 성과까지 얻었다. 농약을 마시고 삶을 포기하던 농민들이 투쟁을 통해 스스로 자신의 생명과 삶을 지킨 대표적인 사례이자, 공공재를 통한 국가의 수탈에 맞서 싸워 이긴 첫 사례였다.

자신과 가족 그리고 이웃의 생명을 지키려면 사유화의 주체인 자본과 권력에 맞서야 한다. 돈이 없으면 거르지 않은 물을 마셔야 하고, 어둠 속에서 살아야 하고, 냉난방을 못해 더위와 추위를 맨몸으로 견뎌야 한다. 도로가 있어도 두 다리로 산을 올라야 하고, 다리가 있어도 강을 헤엄쳐 넘어야 한다. 병원 앞에서 피 흘리며 죽어야 하고, 자위를 위해 자체 무장해야 해야 한다. 지옥 같은 사회에 살고 싶지 않으면 죽을 각오로 맞서야 한다.

대통령의 성이 '박'에서 '문'이나 '안'으로 바뀐다고 해결될 문제가 아니다. 나의 안전과 생명을 보호해줄 의지와 능력이 없는 국가라면, 그 국가를 근본적으로 바꾸기 위해 싸워야 한다. 싸움에서 이겨야만 우리가 안전하게 살 수 있다.